漢書導讀

李威熊著

文史哲學集成
文史哲出版社印行

漢書導讀/ 李威熊著 -- 初版 -- 臺北市：文
史哲, 民 99.11 印刷
頁；　公分（文史哲學集成；8）
含參考書目
ISBN 978-957-547-149-1 (平裝)

622.101

文史哲學集成　8

漢書導讀

著者：李威熊
出版者：文史哲出版社
http:// www.lapen.com.tw
e-mail：lapen@ms74.hinet.net
登記證字號：行政院新聞局版臺業字五三三七號
發行人：彭正雄
發行所：文史哲出版社
印刷者：文史哲出版社
臺北市羅斯福路一段七十二巷四號
郵政劃撥帳號：一六一八〇一七五
電話886-2-23511028・傳真886-2-23965656

實價新臺幣二五〇元

中華民國六十六年（1977）四月初版
中華民國九十九年（2010）十月 BOD 初版一刷

ISBN 978-957-549-149-1　00008

序

漢書和史記這二部史書，一向並稱爲我國史學上的雙璧，不僅是後代的史學家修史時奉爲圭臬，卽後代的文學家也有很多是取法它們的。尤其是漢書，注重辭藻，傾向排偶，它那整煉工麗的文筆，實已開魏晉六朝駢儷的先河，對六朝文學有一定的影響。

由於它們的重要，國內大學中文系，大部分開有史記、漢書等專書課程，但無可諱言的，坊間關於史記方面的參考書爲數不少，而漢書方面的則是鳳毛麟角。筆者忝列靜宜文理學院中文系敎席，於系中開有「漢書選讀」課程，學子常苦於參考書之缺乏，大有不得其門而入之感，因此，筆者不揣固陋，利用敎學餘暇，多方蒐集資料，成此「漢書導讀」，俾供初學漢書者研讀之用。

現在，將本書內容大略介紹一下：

本書共分八章，首章說明讀史的重要及方法，次章敍述漢書的成書，三章則說明其體制，四章則論述其思想，五章則與史記作一比較，以明其異同，六章說明漢書對後世文學的影響，七章略評其得失，最末一章，則臚列了漢書的注本，及後人研究漢書的著作。爲了進一步幫助讀者了解漢書各傳的內容，特將七十傳的內容，作一概要的敍述，作爲「附錄一」。近人楊樹達對於漢書，覃思專精，用力甚深，特將其「漢書釋例」迻錄於下，作爲「附錄三」，以便讀者了解漢書行文的體例。再則，如果讀者想進一步鑽研漢書，筆者在書後亦列有「研讀漢書的主要參考書籍」，作爲「附錄二」，可供參閱。

最後，附帶要說明的一點是，本書是給初學漢書者研讀之用，談不上什麼著作。在行文方面，除了幾個地方不可避免的用文言外，盡量用語體敍述，以達通俗的目的。筆者學植荒忽，對漢書的見聞有限，再加上文史哲出版社老闆彭正雄先生催稿甚急，在忽忙中，將這一本書趕出來，錯誤疏漏的地方，一定不少，希望讀者隨時給予批評指正。

中華民國六十六年四月五日

漢書導讀　目錄

第八章：漢書注本及有關漢書的重要著述

附　錄

第一章　概　說

一、讀史的重要

我國一部二十五史，留下了祖先輝煌的史蹟，和豐富的文化遺產，它記載了前人的生活，我們要了解我們的國家社會，想對固有文化，負起承先啓後的任務，而做一位堂堂正正的中國人，當從讀史入手。現在將其重要性，歸納成下列幾點：

1. 讀史可以根據前人的經驗，作爲殷鑑，以適應現在，創造未來。

唐太宗曾說過：「以古爲鑑，可知興衰；以人爲鑑，可知得失；以銅爲鑑，可正衣冠。」所謂「古」，便是指歷史而言，它是我們生活中最好的一面鏡子。梁啓超在中國歷史研究法第一章說：「史者何？記述人類社會賡續活動之體相，校其總成績，求得其因果關係，以爲現代一般人活動之資鑑者也。」在歷史研究法補編第一章又說：「歷史的目的，在將過去的眞實事，予以新意義或新價値，以供現代人活動之資鑑。」所以不論是從政者，或是其他從事各行各業的人，都不能不讀史。胡三省在注資治通鑑的序中說：「爲人君而不知通鑑，則欲治而不知自治之源，惡亂而不知防亂之術。爲人臣而不知通鑑，則上無以事君，下無以治民。爲人子而不知通鑑，則謀身必至於辱先，作事不足以垂後。乃如用兵行師，創法立制，而不知迹古人之所以得，鑑古人之所以失，則求勝而敗，圖利而害，此必然者也。」因爲研讀歷史，可以從人類活動因果得失中，了解現社會的形態，抉擇自己行爲的正當途徑。換句話說，也就是根據前人的經驗，充實並改善社會生活，以適應現在，創造未來。例如從歷史中可知人類社會是不斷的在進化，即由洪荒時代，而漁獵、游牧、農業，直到工業社會，因此，今天我們欲趕上世界潮流，就須積極發展工業，不然將成爲時代的落伍者。又如政治的型態，是由神權、君權而到民權，這是時代潮流使然，今天如果有違反這種潮流的國家，勢必被人民所推翻。

2. 讀史在究天人之際，通古今之變。

司馬遷在報任少卿一文中說明他作史記的經過，他說：「網羅天下放失舊聞，考之行事，稽其成敗興衰之紀。（上計軒轅，下至武帝太初，爲表十，本紀十二，書八，世家三十，列傳七十。）凡百三十篇。亦欲以究天人之際，通古今之變，成一家之言。」可見「究天人之際，通古今之變」，是司馬遷作史記的主要目的，天就是天理，即自然之義。所以我們讀史可以了解人和自然的關係，而懂得如何去順應自然的變化；又在古往今來的人世變遷中，明白應變的道理。如歷代有許多輔佐帝王建立功業的謀臣，常遭忌或因而被殺，像范蠡、文種輔佐越王句踐復國，結果范蠡去國，文種也換來越王賜劍，自殺身死。又楚漢相爭，韓信替劉邦征城略地，立下了不少汗馬功勞，但仍不免遭斬，難怪韓信被縛的時候曾感慨的說：「果若人言，狡兔死，良狗亨；高鳥盡，良弓藏；敵國破，謀臣亡。」像這種事情，史跡斑斑可考，讀史的人當引以爲戒，須知功成不居，才是明哲保身之道。又如在歷史上是有不少俠義的人，但絕少看到俠義的國家，因國與國之間，只有利害，少有公理、正義，所以唯有自強，才能救國、救民。

3.了解本國歷史的悠久，文化的淵博，以提高國家觀念，增進民族意識。

歷史是先民活動的記錄，讀史可以了解本國文化的豐富悠久，知道先民創業的艱辛，然後知其可貴，才能提高愛護和弘揚的心情，而產生對國家的向心力。錢穆在國史大綱中說：「欲其國民對國家有深厚的愛情，必先使國民對國家已往的歷史有深厚的認識；欲其國民對當前國家有眞實之改進，必先使其國民對國家以往歷史有眞實的了解。」所以讀史可以增強國民的民族意識，提高國家觀念和責任感。淸龔自珍說：「滅人之國，必先去其史。」足見讀史關係著國家的興亡。（以上三點參見余鶴淸著史學方法）

4.讀史可以培養高尚的情操。

在歷史上有許多英雄豪傑，他們使江山多采，歷史增輝，我們讀歷史時，對於這些旋乾轉坤的人物，除了敬仰之外，應該效法他們的精神。孟子說：「舜何人也？予何人也？有爲者亦若是。」例如讀三國志魏武帝紀，除了欣賞他那種橫槊賦詩的氣概，更須學習他那種剛強忍耐，堅毅不拔的精神。所以歷史在說明一些偉大的人物，如何由平凡而偉大，這對個人修養有莫大的啓示。

5.從史志中可以探討中國的學術源流。

我國正史中漢書、隋書、新唐書、舊唐書、宋史、明史等六部，都有藝文志或經籍志，我們從這些史志所列的書目，可以辨別學術的源流。又從儒林傳、文苑傳或其他傳中，可以了解文學家生平事迹和重要著述，這些都有助於學術的研究。

6.讀史有助於寫作。

史書不但保存珍貴的史科，而其高度的寫作技巧，生動的文筆，更是後世文章家所取法的對象。如史記疏宕而有奇氣，純爲散體，常爲唐宋古文家所宗。漢書裁密而思靡，文多偶句，常爲六朝駢文家所宗。因此有志於文學研究者，更不可不讀史。黃宗羲即主張爲學先要窮經，而後再求事實於史。這樣學才有所本。

二、研讀史書的方法

一個人不管讀任何書籍，貴在用心專一，讀史書亦然。對書中意蘊的體會，與讀者根器的深淺有密切關係，深人所體會亦深，淺人所體會亦淺。所以對書中含義領略的多寡，主要看各人閱讀自我聯想伸張的廣窄。如漢書高帝紀說高祖爲赤帝子，斬白蛇起義。關於此事，有人只把它當故事或無稽之談來讀；但有人就會想到它是受了陰陽五行說的影響，高祖故意要以此來收攬民心，號召天下。又如讀後漢書皇后紀，謂光武帝到新野時，聞陰麗華甚美，心中很喜歡；到了長安，又看到了執金吾軍容的盛大，因而感嘆的說：「仕宦當作執金吾，娶妻當得陰麗華。」有人讀此，把它當成一種美談，認爲光武少時並無大志；但有些人的感受就不同，以爲「仕宦當作執金吾」，是說給當時群雄聽的，表示他並無意於帝王位置，以減少他逐鹿天下的阻力。而「娶妻當得陰麗華」，則想要得到當時陰家勢力的支持，因爲劉秀深知王莽新政失敗的主因，是受到當時中產以上階層的反對，因此如果要推翻王莽，就必須得到這一股力量的合作，而當時陰家正代表中產階層，所以才喊出這個口號。這種種不同的見識，雖然有的限於天分，但與後天的閱歷、見聞也息息相關。另外如果有好的研讀方法，也可收到事半功倍的效果。而本書的目的只在爲一般初學者介紹如何去研讀漢書，並非對整個歷史作深入探討，所以不牽涉到史學方法的問題，在這裏只提供幾點研讀史書的要領。

1. 具備文字訓詁的知識。

一般人讀古書，總覺得隔了一道牆，無法深入，本來極具趣味性的東西，也弄得索然，主要是由於文字上的障礙。而二十五史大部分是在敍述故事，內容又十分具體，按理當極易了解，但由於它是用文言文寫成的，對於初學的人，不免會感到困難，因此讀史書首先必須破除文字的蔽障，要具備文字訓詁的一般常識，了解中國文字的多音與多義性，由字的形、音以求其意，或由文字引伸、假借，領略其眞正的含義。如史記李將軍列傳，記載李廣被俘的情形：「胡騎得廣，廣時傷病，置廣兩馬間，絡而盛臥廣。行十餘里，廣佯死，睨其旁有一胡兒騎善馬，廣暫騰而上胡兒馬，因推墮兒，取其弓；鞭馬南馳數十里，復得其餘軍，因引而入塞。」「因推墮兒」，漢書作「因抱兒鞭馬」，後人或疑「推墮」字爲非（見李慈銘漢書雜記），或疑「抱」字於理勢不合（見王駿觀史記舊註平議），莫衷一是。今考洪頤煊說：「史記三代世表：『抱之山中。』集解：『抱，音普茅反，抱即抛字。』」李將軍列傳作：『推墮胡兒』，即抛字義。漢書枚乘傳：『譬猶抱薪而救火也』。抱義亦作抛。」（讀書叢錄）所以史記「推墮」與漢書「抱」之義並無不同。可見訓詁的重要。另外古人作文，往往加虛字來加強或完成文氣，或表現神態，因此須熟悉虛字的用法，不然便會發生錯誤。所以讀史書，除須參考各家的注本外，也須準備一些工具書，如「中文大辭典」、「古今人名大辭典」等。此外，如王引之經傳釋詞、王念孫讀書雜誌、俞樾古書疑義舉例等，皆有助於古史的研讀。待文字訓詁通達以後，再參考前後文義，互相印證，以求其至當。

2. **要辨晰年代**。

年代是研究歷史的線索，許多事情的變遷，人物的先後，必須正確，才不致於順序顚倒，而生混亂。又歷代採用曆法不同，也須懂得曆法常識，以免產生誤解。像漢武帝改正朔以前，仍沿用秦曆法，每年以十月爲歲首，如果不注意，則易生疑惑。又古代以干支記年月，其相配的規則及陰曆、陽曆換算的方法，都不能不知，然後年代才能確定。司馬光修資治通鑑乃採用編年體，因此可與正史相輔而讀。另外中、西年代相互對照，對於讀史也有很大的幫助。

3. **明乎地理**。

人類文明的產生，乃受地理環境的影響，由於環境不同，所形成的文化特質自然有別。所以歷史學與地理學可視爲姊妹的學問，地理問題也就是歷史問題。又古今地名常有更易，如揚州，隋時稱爲江都，唐時改爲廣陵。又江寧卽晉所置之臨江縣，明時改爲應天府，卽今南京市東南。像這些地名，都應隨時留心。手邊最好準備一本「古今地名大辭典」和「歷史地圖」。如讀史記或漢書，項羽分封十八王，他們所處的地理位置及劉邦兼併十八王的經過，如果沒有地圖的輔助，則難以明晰。

4. 表列大綱。

表列大綱，可以使複雜的史料條理化、系統化。韓退之在進學解中說：「記事者必提其要，纂言者必鈎其玄。」所以讀史書須把握要點，頭緒清楚。如讀一篇列傳，可從其人的生平事跡，重大貢獻，重要著作，及其作品的大概內容，對該人物的批評等方面來作一探討，並筆記重點，如此，讀完後才會有具體的概念，而不致於雜亂無章。

5. 參考相關的書籍。

許多事情在相互比較下，由於其繁簡異同，往往能使眞相更爲顯明。如讀漢書，若能參讀史記及荀悅的前漢紀等，當更有助於事實的了解。

6. 了解史書當時的社會背景。

歷史既然是社會型態的眞實記錄，所以一部好的史書，應該能確實的反映當時社會各方面。同樣的，如果我們了解某一時代的社會背景，當然對該時代的史書便能有深刻的認識。如讀漢書，若能了解當時學術思想是以儒家爲主，而社會上卻流行陰陽五行和讖緯之學，那麼便能把握住漢書整個思想體系，而作較深入的探討，並對其是非有一客觀的評斷。

7. 善用史書的資料。

不管要研究中國的政治、社會、經濟或文學……等，史書都是最好的素材。如果要研究漢賦、兩漢經學，那麼前後漢書便提供了我們最好的材料。因此有志於中國文學或其他各方面研究的人，若能熟讀二十五史，然後再加以歸納剪裁，便能有所助益。

8.活用歷史。

讀史並不在於盲目的死記那些史料，貴在能從歷史因果關係或成敗得失中得到一些教訓，而涵養器度和見識，並應用於實際社會上。如讀史記項羽本紀或漢書高帝紀，便須記取項羽失敗的教訓，並研討劉邦何以成功的原因，而做爲以後行事的參考。

9.了解人物的稱謂。

古人對名號的稱謂十分複雜，除了本名以外，尚有稱字、號、官爵、地望、排行、諡號、廟號、尊號、年號等。稱字，如公孫喬字子產，伍員字子胥；稱號，如王安石號半山，陸游號放翁；稱官爵，如杜甫稱杜工部；稱地望，如稱王安石爲王臨川；稱排行，如稱白居易爲白二十二；稱諡號，如曾國藩諡文正；稱廟號，如稱劉邦爲高祖；稱尊號，如稱唐玄宗爲開元聖文神武皇帝；稱年號，如稱明世宗爲嘉靖皇帝。這些稱呼，常給讀者帶來困擾，因此各種稱謂務必求其清楚，才不致於混淆。

第二章・漢書的成書

漢書是繼史記以後一部偉大的著作，計一百篇，八十餘萬言。是我國正史的第二部，它具有豐富的思想內容，不但記下了當時各種社會、政治制度，也描繪出許許多多大小人物的事迹，藉此使我們知道當日社會的概況。又全書詞藻華麗，喜用偶句，亦史亦文，對後世的文學影響極深，所以它是一部值得一讀的史籍。

一、漢書的作者

漢書俗稱班固作，其實漢書的成書是經過多人之手。其父班彪曾作太史公書後傳，旨在續史記武帝以後之事迹，此書卽班固作漢書的藍本。班彪死在光武帝建武三十年，班固回到家鄉，以父書不夠詳備，於是有志完成父業，便着手這一部偉大的著作。范曄後漢書班彪傳說：「固以彪所續前史未詳，乃潛精研思，欲就其業，既而有人上書顯宗（東漢明帝），告固私改國史者，有詔下郡收固，繫京兆獄，盡取其家書。先是扶風蘇朗僞言圖讖事，下獄死。固弟超恐固爲郡所覈攷，不能自明，乃馳詣闕，上書得召見，具言固所著述意，而郡亦上其書，顯宗甚奇之，召詣校書郎，除蘭台令史，與前睢陽令陳宗，長陵令尹敏，司隸從事孟異，共成世祖本紀（東漢光武帝廟號，此本紀不在漢書內），遷爲郎，典校秘書，固又撰功臣、平林、新市、公孫述事，作列傳載記二十八篇。奏之。帝乃復令終成前所著書。固以爲漢紹堯運，以建帝業，至於六世，史臣乃追述功德，私作本紀，編於百王之末，則於秦項之列。太初（武帝年號）以後，闕而不錄，故采撰前記，綴集所聞，以爲漢書。」太平御覽卷六百三亦引後漢書（范曄前另一本後漢書）云：「班彪續司馬遷後傳數十篇（六十五篇）未成而卒，明帝命其子固續之，固以史遷所記，乃以漢氏繼百王之末，非其義也，大漢當可獨立一史。故上自高祖，下終王莽，爲紀、表、傳、志九十九篇。（缺一篇，敍傳未列入計）」可知班固作漢書，乃紹承父業，但八表及天文志未及竟而卒，由其妹昭，及馬嚴之子馬續踵而成之。後漢書曹世叔妻傳說：「兄固著漢書，其八表及天文志未及竟而卒，和帝詔昭，就東觀藏書閣踵而成之。……時漢書始出，多未能通者，同郡馬融伏於閣下，從昭受讀。後又詔融兄續繼昭成之。」司馬彪續漢書天文志也說：「孝明帝使班固敍漢書，而馬續述天文志。」玉海及藝文類聚乃謂：「劉昭補志序云：『續志、昭表。』以是推之，表其班昭所補？天文志其馬續所成歟？」可知終固一生，漢書未成。但所謂「未及竟」而卒，未必沒有底稿，或許所記未完備而已。

總之，漢書的成書，經過班彪、班固、班昭、馬續四人之手，但以班固爲主，他前後約花了三、四十年，書才就緒。本著孟子「讀其書，不可不知其人」之義，現將四人生平事迹，依照後漢書本傳，略述如下：

班彪，其祖先與楚同姓，是令尹子文的後代，子文初生，被棄於雲夢澤中，由虎哺乳，楚人稱之爲乳穀，（漢書如淳注說穀讀如構，牛羊乳汁曰構）又稱虎於檡，（於檡爲老虎別名）所以名爲「穀於櫸」，字子文。楚人又稱爲虎班，後世子孫便以班爲號。秦滅楚以後，遷晉、代（今山西）間。彪字叫叔皮，扶風安陵人。祖名況，成帝時爲越騎校尉；父稚，哀帝時任廣平太守。他本性沈重好古，幼與兄嗣共游學，光武帝時，雅聞彪才，因召入見，舉爲司隸茂才，拜爲徐令，以病免官，後數應三公之命。彪才高而好述作，專心於史籍之間。武帝時，司馬遷作史記，自太初以後事闕而不錄，以後學者，常綴集時事，加以補續，但文多鄙陋，不足以踵繼遷書。彪乃繼採前文遺事，旁貫異文，作後傳數十篇，因斟酌前史，而譏正其得失，遂成班固漢書的藍本。

班固，字孟堅，彪之子，弟超，妹昭，皆有名於世。生於光武建武八年，死在和帝永元四年，享年六十一。他天資穎慧，九歲就能作文，誦詩賦；稍長，博貫群籍；九流百家之言，無不窮究。學無常師，不爲章句，只舉其大義而已。繼承父業，搜羅前聞，作成漢書。曾經擔任過校書郎、蘭台令史等官，明帝永元初，大將軍竇憲出征匈奴，以固爲中護軍，後憲立功封侯，其勢盛極一時。固的家人也不免仗勢欺人，有一次洛陽令種兢路遭班固的家奴侮辱。及憲敗，賓客都遭波及，種兢也趁機逮捕班固，先免官，後死獄中。

班昭，彪之女，字惠班，一名姬，嫁曹世叔爲妻，後人稱爲曹大家（家音姑）。世叔早卒。有節行法度，所以後漢書入列女傳中。他博學才高，兄固著漢書，其八表和天文志因未完成而人已死，和帝便詔昭到東觀藏書閣，完成八表，此外，又作有女誡七篇，有助於女教，馬融十分稱贊，曾令其妻女誦讀。昭年七十餘卒，皇太后爲她素服舉哀，並派使者監護喪事。著有賦、頌、銘、誄等凡十六篇。學行並受當時朝野人士的尊敬。

馬續，字季則，父嚴，是扶風茂陵人。七歲卽通論語，十三歲明尚書，十六歲治詩。博覽群籍，善九章算術，繼固書，成天文志。劉知幾史通正史篇說：「固後坐竇氏事，卒於洛陽獄，書頗散亂，莫能綜理，其妹曹大家，博學能屬文，奉詔校敍，又選高才郎馬融等十人，從大家受讀，其八表天文志猶未克成，多是待詔馬續所作。」劉氏認爲八表及天文志都是馬續所作。他可能從袁宏後漢記的說法。袁氏云：「馬融兄續，博覽古今，同郡班固著漢書，缺其八表及天文志，有錄無書，續盡踵而成之。」但據後漢書班固傳，說在建初中書已成，當時很推重他的書，學者沒有不諷讀。所以今仍從後漢書，稱馬續只述天文志的說法爲是。他在順帝時，任護羌校尉，遷度遼將軍，所在有恩威。

二、漢書寫作的動機

我們從當時的時代背景，探討班固撰寫漢書的動機，不外乎下列數點：

1. **補史記之闕**。

因司馬遷史記止於漢武帝太初年間，班固有意續之，使它達於西漢末年。

2. **欲折衷各家所補史記的說法**。

當時如揚雄、劉向、劉歆、陽城衡、褚少孫、史孝山諸人，雖續作史記，但文鄙俗荒謬，不足於踵繼前史，班彪首採集前文遺事，旁貫異文，作後傳六十五篇。

史通正史篇云：「史記所書，年止漢武，太初以後，闕而不錄；其後劉向、向子歆及諸好事者若馮商、衞衡、揚雄、史岑、梁審、肆仁、晉馮、段肅、金丹、馮衍、韋融、蕭奮、劉恂等，相次撰續，迄於哀、平間，猶名史記；至建武中司徒掾班彪以其言鄙俗，不足以踵前史，采舊事，旁貫異文，作後傳六十五篇。

班固得其父之啓示，但以其父書所續前史未臻詳備，各家著述又紛歧不一，所以方潛精研思，折衷諸家之說，以爲漢書。

3. **有意尊漢，斷代爲書，自創體例。**

班固欲尊漢，所以變史記通史之體，而斷代爲篇，如此一改，一者由於以一代爲範圍，綜理撰述較易爲功，故漢書比史記整齊詳贍。二者由於班固如不斷代爲篇，則勢必續至及身之世，即後漢和帝時；遷之得罪，直接原因是爲李陵仗義直言，間接原因未始不由於作史秉筆直書，雖於當代帝王，亦不曲諱其短，殷鑑在前，不得不有所斟酌；又固亦嘗以私改國史，幾下獄死，何敢涉史遷後塵，而寫到自己所處的時代？

4. **受皇帝之命。**

班固受東漢明帝之命，修成其書。當顯宗皇帝看到班固漢書原稿，很驚訝他的才能，就令他當蘭台令史，繼續漢書的寫作。所以漢書是一部官修的書，因此常以帝室爲史的中樞，從此以後史乃成爲帝王的家譜。

5. **欲成一家之學。**

司馬遷說他作史記的目的在「究天人之際，通古今之變，成一家之言。」那麼班固作漢書的動機，又何嘗不是如此。「一家」是指「自創一家」的著作，或指「自家之學」。司馬遷從父命完成史記，班固承父業作漢書，旨在克承父志，自成一家的學問。

三、漢書的得名

漢書名稱，定於班固。敍傳云：「探纂前記，綴輯所聞，以述漢書。」後人又在漢書前加一「前」字，以別於范曄之後漢書。此始見於梁元帝所撰之金樓子，在該書聚書篇中說：「又使孔昂寫得前漢、後漢、史記、三國志。」蓋因後漢書出，所以漢書加一「前」字，稱爲前漢書，以資區別。

漢書稱書不稱記，劉知幾史通論六家題目，謂其是稽古之偉稱。其實稱記，稱書，於義爲一，魏張揖廣雅釋言云：「書、記也。」許愼說文敍云：「著於竹帛謂之書，書者如也。」因此，將漢之事迹，如其史實，載之於書，卽謂之漢書。

班固定名爲漢書，是爲了和史記有所分別，但在體制上除改爲斷代外，其他仍模倣史記，而史記裡寫典章制度的八書，他改爲十志。以後二十五史，如劉宋范曄的後漢書，唐房玄齡等的晉書，梁沈約的宋書，梁蕭子顯的南齊書，唐姚思廉的梁書、陳書，北齊魏收的魏書，唐李百藥的北齊書，唐令狐德棻的周書，唐魏徵等的隋書，後晉劉昫的舊唐書，宋歐陽修宋祁的新唐書，都沿用了班固漢書稱「書」的名稱。

第三章．漢書的體制

前漢從高祖建國（西元前二〇六年）至王莽被誅，前後共二百三十年。漢書所記載的，便是這一段時間的史事。它的內容共分爲十二帝紀、八表、十志、七十傳。現在依次略述如下：

一、十二帝紀

史記本紀、漢書單稱紀，是承其父彪書之例。班彪論史記云：「今後此篇愼覈其事，整齊其文，不爲世家，唯紀傳而已。」是紀乃本紀之省稱。顏師古云：「紀，理也。統理衆事，而繫之年月日者也。」紀又作記，明張自烈正字通卽釋紀爲記。司馬貞史記本紀索隱曰：「紀者，記也。本其事而記之，故曰本紀。又紀、理也。絲縷有紀，而帝王書稱紀者，言爲後代綱紀也。」所以史籍記載事迹，卽名爲本紀，或單稱紀。蓋以帝王爲中心，依年月書載有關國統大事。

1.高帝紀：

高帝劉邦以泗上亭長，起兵定秦滅項羽，在位十二年。

贊曰：「春秋晉史蔡墨有言，陶唐氏既衰，其後有劉累，學擾龍，事孔甲，范氏其後也。而大夫范宣子亦曰，祖自虞以上爲陶唐氏，在夏爲御龍氏，在商爲豕韋氏，在周爲唐杜氏，晉主夏盟爲范氏。范氏爲晉士師，魯文公世奔秦。後歸于晉，其處者爲劉氏。劉向云，戰國時劉氏自秦獲於魏。秦滅魏，遷大梁，都于豐，故周市說雍齒曰：豐，故梁徙也。是以頌高祖云：漢帝本系，出自唐帝。降及于周，在秦作劉。涉魏而東，遂爲豐公。豐公，蓋太上皇父。其遷日淺，墳墓在豐鮮焉。及高祖卽位，置祠祀官，則有秦、晉、梁、荆之巫，世祠天地，綴之以祀，豈不信哉！由是推之，漢承堯運，德祚已盛，斷蛇著符，旗幟上赤，協于火德，自然之應，得天統矣。」

2. 惠　紀：

惠帝名盈，短世，在位七年。史記不列於本紀。

贊曰：「孝惠內修親親，外禮宰相，優寵齊悼趙隱，恩敬篤矣。聞叔孫通之諫則懼然，納曹相國之對而心說，可謂寬仁之主，遭呂太后虧損至德，悲夫！」

3. 高后紀：

高后卽呂后，爲高帝之后。惠帝崩，臨朝稱制，罔顧天顯，在位八年。

贊曰：「孝惠高后之時，海內得離戰國之苦，君臣俱欲無爲，故惠帝拱己；高后女主制政，不出房闥，而天下晏然，刑罰罕用，民務稼穡，衣食滋殖。」

4. 文　紀：

文帝名恆，高帝之中子，在位二十三年，國富刑輕。

贊曰：「孝文皇帝卽位二十三年，宮室苑囿，車騎服御，無所增益。有不便，輒弛以利民。嘗欲作露臺，召匠計之，直百金。上曰，百金，中人十家之產也。吾奉先帝宮室，常恐羞之，何以臺爲！身衣弋綈，所幸慎夫人衣不曳地，帷帳無文繡，以示敦朴，爲天下先。治霸陵，皆瓦器，不得以金銀銅錫爲飾，因其山不起墳。南越尉佗自立爲帝，召貴佗兄弟以德懷之，佗遂稱臣，與匈奴結和親，後而背約入盜，令邊備守，不發兵深入，恐煩百姓。吳王詐病不朝，賜以几杖。群臣袁盎等諫說雖切，常假借納用焉。張武等受賂金錢，覺，更加賞賜，以媿其心。專務以德化民，是以海內殷富，興於禮義，斷獄數百，幾致刑措。烏呼，仁哉！」

5.景　紀：

景帝名啓，文帝之子，在位十六年。務在農桑，民用康寧，與文帝合稱文景之治。

贊曰：「孔子稱斯民，三代之所以直道而行也。信哉！周秦之敝，罔密文峻，而姦軌不勝。漢興，掃除煩苛，與民休息。至於孝文，加之以恭儉，孝景遵業，五六十載之間，至於移風易俗，黎民醇厚。周云成康，漢言文景，美矣！」

6.武　紀：

武帝名徹，景帝之子，在位五十四年。恢拓疆宇，獨尊儒術。置均輸、平準，國勢達於極頂，但亦式微之兆。

贊曰：「漢承百王之弊，高祖撥亂反正，文景務在養民，至於稽古禮文之事，猶多闕焉。孝武初立，卓然罷黜百家，表章六經。遂疇咨海內，舉其俊茂，與之立功。興太學，修郊祀，改正朔，定歷數，協音律，作詩樂，建封禪，禮百神，紹周後，號令文章，煥焉可述。後嗣得遵洪業，而有三代之風。如武帝之雄材大略，不改文景之恭儉，以濟斯民，雖詩書所稱，何有加焉！」

7. 昭　紀：

昭帝名弗陵，武帝之少子，在位十三年。衆宰惟忠，邦家和同。

贊曰：「昔周成以孺子繼統，而有管蔡四國流言之變。孝昭幼年即位，亦有燕蓋上官逆亂之謀。成王不疑周公，孝昭委任霍光，各因其時以成名，大矣哉！承孝武奢侈餘敝，師旅之後，海內虛耗，戶口減半，光知時務之要，輕繇薄賦，與民休息。至始元、元鳳之間，匈奴和親，百姓充實。舉賢良文學，問民所疾苦，議鹽鐵而罷権酤，尊號曰昭，不亦宜乎！」

8. 宣　紀：

宣帝名詢，初名病己，爲武帝曾孫，戾太子據之孫，史皇孫之子，在位二十五年。愼用刑名，柔遠善近，頗有明主之風。

贊曰：「孝宣之治，信賞必罰，綜核名實，政事文學法理之士，咸精其能，至於技巧工匠器械，自元成間鮮能及之，亦足以知吏稱其職，民安其業也。遭值匈奴乖亂，推亡固存，信威北夷，單于慕義，稽首稱藩。功光祖宗，業垂後嗣，可謂中興，侔德殷宗周宣矣。」

9. 元　紀：

元帝名奭，宣帝之子，在位十六年。有高明之度，又能執柔成德，賓禮故老。

贊曰：「臣外祖兄弟爲元帝侍中，語臣曰：元帝多材藝，善史書。鼓琴瑟，吹洞簫，自度曲，被歌聲，分扐節度，窮極幼眇。少而好儒，及即位，徵用儒生，委之以政，貢、薛、韋、匡迭為宰相。而上牽制文義，優游不斷，孝宣之業衰焉。然寬弘盡下，出於恭儉，號令溫雅，有古之風烈。」

10 **成 紀**：

成帝名驁，元帝之子，在位二十六年。委政外戚王氏。

贊曰：「臣之姑充後宮為婕妤，父子昆弟侍帷幄，數為臣言成帝善修容儀，升車正立，不內顧，不疾言，不親指，臨朝淵嘿，尊嚴若神，可謂穆穆天子之容者矣！博覽古今，容受直辭。公卿稱職，奏議可述。遭世承平，上下和睦。然湛于酒色，趙氏亂內，外家擅朝，言之可為於邑。建始以來，王氏始執國命，哀、平短祚，莽遂篡位，蓋其威福所由來者漸矣！」

11 **哀 紀**：

哀帝名欣，元帝庶孫，定陶恭王之子，在位六年。欲振乏力。

贊曰：「孝哀自為藩王及充太子之宮，文辭博敏，幼有令聞。睹孝成世祿去王室，權柄外移，是故臨朝婁誅大臣，欲強主威，以則武、宣。雅性不好聲色，時覽卞射武戲。即位痿痺，末年寖劇，饗國不永，哀哉！」

12 **平 紀**：

平帝初名箕子，即位後更名衎，元帝庶孫，在位五年。因無周公、伊尹之良佐，終為王莽所弒。

贊曰：「孝平之世，政自莽出，褒善顯功，以自尊盛。觀其文辭，方外百蠻，亡思不服；休徵嘉應，頌聲並作。至乎變異見於上，民怨於下，莽亦不能文也。」

爲使眉目清楚，今將前漢帝系表臚列於左：

前漢帝系表

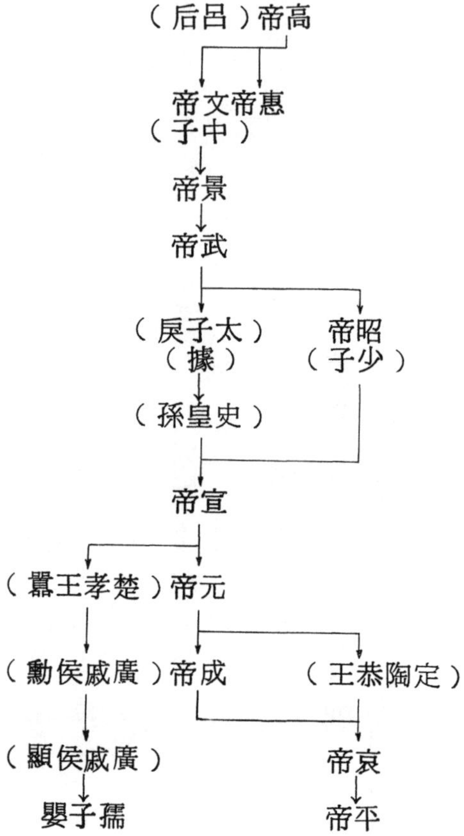

二、八表

表者，表列事件，以便觀覽，史記三代世表索隱曰：「表者，錄其事而見之。」史記有十表，漢書八表。因史記三代世表、十二諸侯表、六國表與漢無涉，漢書不錄，其餘皆本史記舊表，而續之以武帝以後事。又增外戚恩澤表及古今人表。

1. **異姓諸侯王表：**

項羽自立爲西楚霸王，爲天下主，命立十八王。高祖封爲漢王，後統一天下，又分封諸王，班固以漢王始封爲經，繫之以年，列成此表。漢之一年至六年，乃據史記之秦楚之際月表，六年以下，則依史記漢興以來諸侯王年表補續之。表前序文，乃依史記原表加以鋪寫。

2. **諸侯王表：**

即帝王之同姓諸侯王，由其始封至其七世孫，列表以明之。是依史記諸侯王表寫成，只不過改史表之以年爲經，以國爲緯之體爲譜牒體而已。表序亦依史記原序鋪寫而成。

3. **王子侯表：**

即將諸王之子封爲侯者，由其始封至玄孫列表以明之。武帝以前者，依史記高祖功臣侯年表、惠景間侯者年表、建元以來侯者年表、建元以來王子侯者年表寫成。

4. **高惠高后文功臣表：**

即將高帝、惠帝、高后、文帝四朝，輔弼王室之功臣，受封爲侯王者，由其始封至玄孫，列表以明之。此表乃據史記高祖功臣侯者年表、惠景間侯者年表寫成。只將前表之周呂、建成二人，後表之扶柳、襄城、軹等十八人移入外戚表，前表之羹頡、合陽、沛、德四人，後表之上邳、朱虛、東牟等二十四人入王子表。又浚、沛、信都、樂昌、東平、隆慮等六人隨父。表序亦依史記原序鋪寫而成。

5.景武昭宣元成功臣表：

列表方式與前表同，唯其所列為景帝、武帝、昭帝、宣帝、元帝、成帝，六朝所封之異姓功臣侯王。武帝以前者，部分根據史記之惠景間侯者年表、建元以來侯者年表寫成。並依褚少孫所補史記部分，表序另作。

6.外戚恩澤侯表：

殷周二代，其德澤深遠，至漢，其子孫仍受封以奉祭祀。又宰相、外戚或有功於朝廷者，其族受封為侯王者，亦由始封至玄孫，列表以明之。此表部分根據史記高祖功臣侯者年表、惠景間侯者年表、建元以來侯者年表寫成。

7.百官公卿表：

依年代之先後次序，列百官公卿任免情形。表前敘述當時職官名稱、職掌、俸祿及其沿革。

8.古今人表：

所列人物不限於漢代，即將西漢以前之人物，由上上至下下等分為九級，列表以便觀覽。

班氏此表遭後人批評最劇，劉知幾史通云：「異哉班氏之人表也，區別九等品，網羅千載，論世則異時，語姓則他族，自可方以類聚，物以群分，使善惡相從，先後為次，何籍而為表乎？且其書上自庖犧，下至嬴氏，不言漢事，而編入漢書，鳩居鵲巢，蔦施松上，附生贅疣，不知剪裁，何斷而為限乎？」鄭樵亦評議古今人表，謂其以古今人物，強立差等（見通志總序）。所以趙翼謂古今人物表爲贅設。今平心而論，此表所列人物雖極瑣碎，但可供稽古之參考。又其強分人物爲九品，不免失之主觀，然品評人物，已趨具體，以後曹魏之九品中正，鍾嶸之詩品，可能即受班表影響。

三、十　志

漢書之十志，猶史記之八書，在詳典章制度，因班書既名曰漢書，所以改史記八書之「書」爲「志」，師古曰：「志、記也，積記其事也。」

1. **律曆表**：

記載樂律及曆法之制度與因革，此志乃合史記之律書曆書而來，其說本於劉歆，但頗有删削。

2. **禮樂志**：

班固在敍傳中說：「先王觀象，爰制禮樂。厥後崩壞，鄭衞荒淫，風流民化，湎湎紛紛，略存大綱，以統舊文。」所以才述禮樂志。它是合併史記之禮書、樂書而來，採自賈誼、董仲舒、王吉、劉向四人的論奏。詳樂而略禮，論樂之文，幾三倍於禮；然樂亦僅詳載郊廟歌詩。又將禮記、樂記二文全部採入，頗多空論。

3. **刑法志**：

撮舉周禮井田軍賦大略，西漢郡國兵制亦附，猶史記律書中言兵之事。文帝議除犯法相坐律及廢除肉刑二事，乃襲自史記孝文本紀。

4. **食貨志**：

總述經濟制度之因革，分上下卷，上卷言食，下卷言貨，下卷武帝以前事，皆取史記平準書原文，又增載賈誼論積貯疏、諫勿令民放鑄錢書、鼂錯論貴粟疏、董仲舒諫令關中民種宿麥書、諫令薄賦歛省繇役書諸文。並敍自西漢末年，多改寫史記贊文。

5. **郊祀志**：

武帝以前乃取史記封禪書文，在記天子郊外祭祀天地之情形。前序及贊另作。

6. **天文志**：

本史記天官書，爲馬續所補，稍有更易，並增前序，續至西漢末年。

7. **五行志**：

史記無。記河圖洛書、春秋之占，以徵休咎之事，多用尚書洪範及歐陽大小夏侯之說。又采董仲舒及向歆父子之論，間亦雜有京房易說。

8. **地理志**：

陳述歷代地理沿革，先列郡國，後言戶口，篇首收有尚書禹貢全文。此志史記無。但其敍述經濟社會諸事，乃襲自史記貨殖列傳。

9. **溝洫志**：

溝洫爲田間之水道，此制主要在介紹當時水利制度，其大半取史記河渠書，只補史起爲鄴令一段，並續自西漢末，另作贊。

10 **藝文志：**

陳列九流之書，主要在辨明學術，考究其源流。乃依劉歆之七略，而將其刪減為六。觀此志可了解西漢以前學術之體系。對後世有志於中國學術之研究者，貢獻極大。

總之，班氏之十志，其刑法志、五行志、地理志、藝文志四種為班固所增，其餘乃沿續史記八書。禮書、樂書合稱為禮樂志，律書、曆書合稱為律曆志，改天官書為天文志，封禪書為郊祀志，稱河渠書為溝洫志，平準書為食貨志。內容均大同小異，唯補武帝以後事及增前書所未備者而已。

四、七十傳

漢書廢史記之世家同為列傳，共有七十篇，與史記同。乃記前漢政治、經濟、社會、文化及其他各方面之重要人物。史記伯夷列傳索隱曰：「列傳者，謂敘列人臣事迹，令可傳於後世，故曰列傳。」正義亦云：「其人行迹可序列，故云列傳。」自班固以來，修史者都省世家而入於傳，於是傳之名，遂相承不改。

漢書七十傳，乃以時代先後為次，而不分其賢智及功之大小，約可分為下列六類：

1. **單人為傳者：**

若其人事迹較多，則單獨成傳，如賈誼傳（傳十八。史記賈誼與屈原合傳，漢書單獨立傳。增載陳政事疏、請封建子弟疏、請王淮南諸子疏。傳文稍有增補，另作贊）、董仲舒傳（傳二十六）、司馬相如傳（傳二十七）、司馬遷傳（傳三十二）、東方朔傳（傳三十五）、揚雄傳（傳五十七）、王莽傳（

傳六十九）等。

2. **二人或數人合爲一傳者**：

即將時代相近，或事類可相從者，合爲一傳，如陳勝、項羽合傳（傳一。項羽史記爲本紀，鴻門略寫，敍高祖事多移入高帝紀，餘襲之。陳勝則在世家。），蒯通、伍被、江充、息夫躬合傳（傳十五），賈山、鄒陽、枚乘、路溫舒同傳（傳二十一）等。

3. **附　傳**：

事迹較少，但名行可推崇者，則寄在他篇帶敍，以免繁蕪。如楚元王（交）傳（傳六）、張湯（傳二十九）、韋賢（傳四十三）、蕭望之（傳四十六）、馮奉世（傳四十九）、翟方進（傳五十四）等，皆附傳其子孫。

4. **以種類爲目標而立傳者**：

凡行狀相似的統歸爲一類，而別立名目，其性質事重於人，又可分爲七種：

(1)儒林傳（傳五十八）

此傳在記載西漢一代，諸經學者之分派，首易經，次尚書、詩經、禮經，後殿以春秋三傳。（史記以詩經爲首，次書、禮、易、春秋）今欲考究西漢之經學源流，則此篇不可不讀。此傳亦襲自史記儒林列傳，但增補較多，並續至西漢末年，董仲舒另立傳。

(2)循吏傳（傳五十九）

循吏指爲官淸廉善良者，史記索隱曰：「循吏、謂本法循理之吏也。」顏師古云：「循、順也。上順公法，下順人情也。」漢書敍傳云：「誰毀誰譽，譽其有試，泯泯群黎，化成良吏，時同功異。沒世遺愛，民有餘思，述循吏傳。」所述者有文翁、王成、黃霸、朱邑、龔遂、召信臣諸人。

(3)酷吏傳（傳六十）

官吏嚴刑峻法，酷虐其百姓，謂之酷吏。敍傳云：「上替下陵，姦宄不勝，猛政橫作，刑罰用興，曾是強圉，掊克爲雄，報虐以威，殃亦凶終，述酷吏傳。」共述郅都、甯成、周陽由、趙禹、義縱、王溫舒、尹齊、楊僕、減宣、田廣明、田延年、嚴延年、尹賞等十三人。而史記酷吏列傳共傳十人，其中張湯、杜周二人，漢書單獨立傳。又田廣明以下四人，乃爲漢書所增。

(4)貨殖傳（傳六十一）

所謂貨殖指貨財生殖蕃息。廣雅云：「殖、立也。」尙書僞孔安國注云：「殖、生也。生資貨財利。」所以貨殖傳卽在傳述生聚財利的商人。史記已有之。太史公自序云：「布衣匹夫之人，不害於政，不妨百姓，取與以時，而息財富，智者有采焉，作貨殖列傳。」司馬遷對這些人是十分恭維的，但班固卻不以爲然，他認爲貨殖之流，大殖其貨，美服珍食，足以敗俗傷化。充分表現出兩書觀點的不同。此傳共列有范蠡、子贛、白圭、猗頓、烏氏嬴、巴寡婦清、蜀卓氏、程鄭、宛孔氏、丙氏、刁閒、師史、宣曲任氏等人。

(5)游俠傳（傳六十二）

史記集解引荀悅曰：「立氣齊，作威福，結私交，以立強於世者，謂之游俠。」而寫游俠者之傳記，即謂之游俠傳。漢書撰有朱家、劇孟、郭解、萬章、樓護、陳遵、原涉等人。它乃依史記游俠列傳而作，唯萬章以下四人，爲班固所增。又改寫前序及刪史記之贊。

(6)佞幸傳（傳六十三）

善口才，媚上而得皇帝寵幸的人，叫作佞幸。史記有佞幸列傳，太史公自序云：「夫事人君，能說主耳目，和主顏色，而獲親近，非獨色愛，能亦各有所長，作佞幸傳。」班固亦依史記作此傳，唯在字句上稍有刪改，又另作贊。共述鄧通、趙談、韓嫣、李延年、石顯、淳于長、張放、董賢諸人。石顯以下四人爲班固所增。

(7)外戚傳（傳六十七分上下）

外戚者爲帝王母黨或妻黨之稱。史記有外戚世家，而漢書改爲傳。史記索隱曰：「外戚、紀后妃也。后族亦代有封爵故地。漢書則編於列傳之中。」其實史記外戚世家，並非司馬遷手筆，而是由褚少孫所補，班固全因襲之，只不過續至西漢末，又另作贊。並將褚氏所補「衞青尚主事」一節，移入衞青傳中。

5. **爲四裔立傳者：共有三傳。**

(1)匈奴傳（列傳六十四分上下）

匈奴本爲古之北狄種，史記匈奴傳稱其先祖出於夏后氏之苗裔淳維。王國維觀堂集林鬼方昆夷玁狁考一文，謂匈奴族隨世而易名，因地而殊號。其見於商周間者曰鬼方、曰混夷、曰獯鬻。周季曰玁狁，春秋謂之戎、謂之狄。戰國時，始稱匈奴，又稱曰胡。其族原散居今甘肅、陝西、山西諸省地，後漸爲北徙，屢爲邊患。

秦亡後，匈奴再興，傳至冒頓單于，乃征服北方諸侯，合爲一大國，向南侵略中國，曾困高祖於平城，漢初採和親政策，然仍時受騷擾。武帝時，乃改和爲戰，頻出大軍遠征，結果匈奴大敗。宣帝時，中國與西域交通，聯合烏孫夾攻匈奴，匈奴再遭重大損害，丁令族又由北方，烏桓由東方，亦乘機夾攻，此後匈奴遂不能與漢對抗。稍後，其內部亦發生內訌，王莽時，匈奴再獨立。東漢初，匈奴分裂爲二：一爲南匈奴，降漢，入屬漢地；二爲北匈奴，仍居漠北；和帝時，大將軍竇憲北伐匈奴，北匈奴大敗，向西逃亡，而造成歐洲日耳曼民族的大遷移。

漢書此傳，大部分襲自史記；只增載冒頓遺高后書及高后答書，並續至西漢末，另作贊。

(2)西南夷兩粵朝鮮傳（傳六十五）

西南夷指漢時巴蜀西南外之蠻夷地，以夜郎、滇、邛、徙、筰、冉駹、白馬諸國最大。今雲南全省及四川南境、貴州省西南境，皆漢時西南夷所居之地，武帝時，曾立越巂郡。

兩粵指南粵和閩粵，越、粵通用。南粵約今之兩廣、海南、越南北部一帶。閩粵約今浙江東南部及福建一省。

朝鮮，周初箕子封於此，漢初燕人魏滿亡命朝鮮，自立爲朝鮮王，漢武帝時滅之，設立眞番、臨屯、樂浪、玄菟四郡。

史記有南越列傳、東越列傳、朝鮮列傳、西南夷列傳，漢書則合成一傳，又增錄文帝賜佗書及佗答書，並續撰至西漢末，又另作贊。

(3)西域傳（傳六十六分上下）

史記無此傳，漢書西域傳稱西域至孝武帝始通，本爲三十六國，至哀帝時增爲五十五國。其地在匈奴之西，烏孫之南。南北有大山，中央有河，東西六千餘里，南北千餘里，約在今甘肅玉門、敦煌以西，葱嶺以東之地。

6. 敍　傳：

敍傳是漢書最後一篇，有如史記之太史公自序，旨在介紹其先世及撰寫漢書之經過，並概論十二帝紀、八表、十志、七十傳的大要。有志於漢書之研究者，當從本篇入手。

漢書七十傳，大多本史記列傳舊法，有以公卿將相爲列傳，有以類相從之傳。然漢書較史記省刺客、滑稽、日者、龜策四傳，而增西域傳，蓋無其人不妨缺，有其人不妨增。至於四裔傳則又隨各朝之報聘交兵通貢者而載之，不能盡同。總之，史記、漢書之體例已大爲進步，不像春秋左傳只描述一些貴族階層，而能普遍注意到整個社會的現象，反映時代，這是這二部書最可貴的地方。

漢書共一百篇，隋書經籍志云漢書有一百一十五卷，注云：「漢護軍班固撰，太山太守應劭集解。」新唐書藝文志著錄同。但舊唐書著錄有一百二十卷本，下云顏師古注，據此，知漢書最早僅有一百十五卷，到顏師古注漢書，又將長卷析爲子卷。計：

本紀：高帝紀分上下兩卷，多一子卷。

表：王子侯表、百官公卿表各分上下兩卷，多二子卷。

志：律歷、食貨、郊祀、地理等志各分上下兩卷，五行志分上、中之上、中之下、下之上、下之下五卷，計多八子卷。

列傳：司馬相如、嚴朱吾丘主父徐、嚴終王賈、西域、外戚等傳各分上下二子卷。王莽傳分上中下三子卷，計多八卷。

總共一百篇，一百二十卷，卽今流傳漢書之本子。

第四章・・漢書的思想

秦始皇焚書坑儒，且禁百姓藏詩書百家語。漢興，孝惠之世，始除挾書之禁，然後諸儒得以修其經典；文景繼之，開獻書之路；武帝又從董仲舒之議，罷黜百家，表彰六經，使孔學定於一尊；歷元、成，直至東漢，前後二百餘年，經師大儒，不勝枚舉，堪稱爲經學之極盛時代。班固爲一經生，旁貫五經，上下洽通，紹承父業，撰寫漢書。崇尚六經，依附孔孟，爲其思想之主要淵源。又當時社會風氣，篤信騶衍陰陽五行之說，災異符瑞之變，五行生尅之理。因諸說深入民心，雖儒家者流，亦不免受其影響。再者當秦暴政之餘，人心思靜，求所以自慰之道，方術之士，又合陰陽家者言，以神仙不死之術，爲譁世取寵之方，故黃老治世亦大盛於當時。所以漢代學術雖主儒家之學，推崇經術，但亦雜糅陰陽五行，附會讖緯災異，好黃老。班固處在此種風尚下，在思想上亦不免受其左右。又漢書乃承史記之後，所以在論贊史實，亦常援引司馬遷之說。其父班彪作史記後傳，開漢書之端，當時大儒劉向、劉歆、揚雄及諸子學說，班固無不深受其影響。現在就其要者，條列如左：

一、以儒家思想爲主

儒家的主要精神在於尊崇禮治，倡導忠孝仁義，班固撰寫漢書，其精神卽以此爲依歸，劉師培說：「就其文論，氣厚而濃密，淵茂而含蘊，字裡行間，饒有餘味，純係儒家風格。」（見漢魏六朝專家文研究）他將史記的項羽本紀改爲列傳，又重寫高帝本紀，皆出於儒家忠君的思想。其贊文帝云：「專務以德化民。是以海內殷富，興於禮義，斷獄數百，幾致刑措，烏呼仁哉！」（見文帝紀）與禮義，乃儒家所謂仁政之本，孝文皇帝能以仁德化民，班固所以頌揚他。

班固對於愛國志士描寫十分用力，如讀李廣蘇建傳，對於蘇武一心爲國，不爲外來任何壓力所動，誓不投降匈奴，正合孟子所謂的大丈夫。他能不受威利的迫誘，在冰雪嚴寒，四無人煙的北海，苦覊十九年，後聞武帝死訊，早晚南向號哭，嘔血，矢志效忠君國，正是儒家精神高度的表現。所以班固贊之曰：「孔子稱：志士仁人，有殺身以成仁，無求生以害仁，使於四方，不辱君命，蘇武有之矣。」在全書中像這樣引用孔子的話來批評人物的地方很多，足證他是孔子的忠實信徒。如：

景帝紀贊：「孔子稱斯民，三代之所以直道而行也。」

案：此語見論語衞靈公篇。

楚元王傳贊：「仲尼稱材難，不其然與！」

案：論語泰伯篇曰：「舜有臣五人，而天下治。武王曰：予有亂臣十人。孔子曰：材難，不其然乎。」班固引之，以贊美劉向之材難得。

張良傳贊：「孔子稱以貌取人，失之子羽。」

案：子羽卽孔子弟子澹臺滅明。史記仲尼弟子傳云：「孔子聞之曰：吾以言取人，失之宰予；以貌取人，失之子羽。」班固引之，以明張良之貌與材不相稱。

樊酈滕灌傳贊：「仲尼稱犂牛之子騂且角，雖欲勿用，山川其舍諸？」

案：語見論語雍也篇。

蒯伍江息夫傳贊：「仲尼惡利口之覆邦家。」

案：語出論語陽貨篇。班固引之，以譏蒯通一言而喪三儁。

萬石衞直周張傳贊：「仲尼有言，君子欲訥於言而敏於行。」

案：班固以此語表萬石君之言行。語見論語里仁篇。

朝錯傳贊：「朝錯銳於爲國遠慮，而不見身害。其父睹之，經於溝瀆，亡益救敗，不如趙母指括，以全其宗。」

案：經於溝瀆，乃用論語憲問篇：「子曰：微管仲，吾其被髮左衽矣！豈若匹夫匹婦之爲諒也。自經於溝瀆，而莫之知也」之義。

公孫劉車王楊蔡陳鄭傳贊：「斗筲之人，何足選也。」

案：此雖不言孔子曰，但實引子路篇孔子之語，言車千秋材器小劣，不足以數。

楊胡朱梅之傳贊：「昔仲尼稱不得中行，則思狂狷。」

案：論語子路篇：「子曰：不得中行而與之，必也狂狷乎！狂者進取，狷者有所不爲也。」班固以此語來稱頌楊王孫之志氣。

彭宣傳贊：「彭宣見險而止，異乎苟患失之者矣！」

案：「苟患失之」，見論語陽貨篇。子曰：「其未得之也，患得之；既得之，患失之。苟患失之，無所不至矣！」班固認爲彭宣不像孔子所說「苟患失之」那種人。

眭兩夏侯京翼李傳贊：「子贛猶云：夫子之文章可得而聞，夫子之言性與天道，不可得而聞已矣。」

案：此引論語公冶長篇子貢之語。

蓋諸葛劉鄭孫毋將何傳贊：「孔子曰：吾未見剛者。」

案：此語見論語公冶長篇，言有剛得之人實在難找。

朱博傳贊：「孔子曰：久矣哉，由之行詐也。博亦然哉！」

案：論語子罕篇：「子疾病，子路使門人爲臣。病間。曰：久矣哉，由之行詐也。」班固引此，以爲朱博之行爲，與子路相似。

谷永杜鄴傳贊：「孔子稱友多聞。三人近之矣！」

案：論語季氏篇：「孔子曰：益者三友，損者三友：友直、友諒、友多聞，益矣！」班固言「三人近之矣！」

三人指杜鄴、杜欽、谷永三人。

佞倖傳贊：「仲尼著損者三友。」

案：論語季氏篇：「損者三友，友便辟，友善柔，友便佞，損矣。」

王莽傳贊：「王莽始起於外戚，折節力行，以要名譽，宗族稱孝，師友歸仁，及其居位，輔政成哀之際，勤勞國家，直道而行，動見稱述，豈所謂在家必聞，在國必聞，色取仁而行違者邪？」
案：論語顏淵篇：「子張問：士何如，斯可謂達矣？子曰：何哉？爾所謂達者！子張對曰：在邦必聞，在家必聞。子曰：是聞也，非達也。……夫聞也者，色取仁而行違。」此班固暗用論語之義，指王莽欲要名譽，是屬於聞而非達者之類。

班固引用論語，品評人物，或證其說，或闡明事理；有明引，有暗引，常收畫龍點睛之妙。其他在八表序中，也常依孔子意，如古今人表序云：「孔子曰：若聖與仁，則吾豈敢。又曰：何事於仁，必也聖乎？未知，焉得仁？生而知之者，上也；學而知之者，次也；困而學之，又其次也；困而不學，民斯為下矣！又曰：中人以上，可以語上也。唯上智與下愚不移。」顏師古注云：「凡引此者，蓋班氏自述所表先聖後仁及智愚之次，皆依孔子者也。」

二、崇尚六經

六經為儒家思想的根源。自漢置五經博士，武帝罷黜百家，獨尊儒術以後，直到清季康有為，前後一千多年，在中國學術思想史上，即以儒家思想為主，而六經則為儒家經典。班固生於東漢，正是古文經學鼎盛的時代，其著漢書，不論敍事、論政、臧否人物，常證之以經義。劉師培說：「班固之文亦多出自詩書春秋，故其文無一句不濃厚，其氣無一篇不淵懿。」又曰：「班固漢書，不獨表紀序取法經說，即傳贊亦莫不爾。」（並見漢魏六朝專家文研究）漢書司馬遷傳班固贊曰：「論大道，則先黃老而後六經；序游俠，則退處士而進姦雄；述貨殖，則崇勢利而羞貧賤。此其所蔽也。」班固以司馬遷「先黃老而後六經」爲其蔽。言下之意，即主張著書立說，當以六經爲本。贊又說：「嗚呼！以遷之博物洽聞，而不能以知自全。既陷極刑，幽而發憤，書亦信矣！迹其所以自傷悼，小雅巷伯之倫。夫唯大雅，『既明且哲，能保其身』，難矣哉。」即引詩經小雅、大雅之義以評司馬遷。現在檢視全書論贊，凡引用經文或經義者，按五經順序，歸納於後。

引用易經者：

武五子傳贊：「易曰：天之所助者順也，人之所助者信也。君子履信思順，自天祐之，吉無不利也。」

案：此用易繫辭上文。乃節引繫辭傳所引孔子之語。繫辭傳：「易曰：自天祐之，吉旡不利。子曰：祐者助也。天之所助者順也；人之所助者信也；履信思乎順，又以尚賢也。是以自天祐之，吉旡不利也。」

王貢兩龔鮑傳贊：「君子之道，或出或處，或默或語。」

案：繫辭傳上：「子曰：君子之道，或出或處，或默或語。二人同心，其利斷金；同心之言，其臭如蘭。」班固暗用之。

眭兩夏侯京翼李傳贊：「幽贊神明，通合天人之道者，莫著乎易、春秋。」

案：此論易、春秋之義，可幽贊神明，通天人之際。亦本於易繫辭：「昔者聖人之作易也，幽贊於神明」之語。

外戚傳贊：「易著吉凶而言謙盈之效，天地鬼神至於人道靡不同。」

案：此班固節用易謙卦：「天道虧盈而益謙，地道變盈而流謙，鬼神害盈而福謙，人道惡盈而好謙」之義。

百官公卿表序：「易敍宓羲、神農、黃帝作教化民。」

案：此依易繫辭傳下文。

引用詩經者：

淮南衡山濟北王傳贊：「詩云：戎狄是膺，荊舒是懲。」

案：此引用詩經魯頌閟宮文。

伍被傳贊：「伍被安於危國，……詩歌青蠅，春秋以來，禍敗多矣。」

案：班固云詩歌青蠅，卽取小雅青蠅之詩旨，義在刺佞人變亂善惡。詩序云：「此傷于讒者之詩也。」

嚴朱吾丘主父徐嚴終王賈傳贊：「詩稱：戎狄是膺，荊舒是懲。」

案：與淮南衡山濟北王傳贊引同。

梅福傳贊：「梅福之辭，合於大雅雖無老成，尚有典刑。」

案：今大雅蕩詩作「雖無老成人。」言雖然沒有元老舊臣，但典章制度仍然存在。

趙充國辛慶忌傳贊：「秦詩曰：王于興師，修我甲兵，與子皆行。」

案：此秦風無衣末章之詩。顏師古注誤爲小戎之詩。

蓋寬饒傳贊：「蓋寬饒爲司臣正色立於朝，雖詩所謂『國之司直』無以加也。」

案：此引鄭風羔裘之詩。但今詩作「邦之司直」，可能班固爲避高祖劉邦之諱而改爲「國」。

馮奉世傳贊：「詩稱抑抑威儀，惟德之隅。」

案：「抑抑威儀，惟德之隅。」見詩大雅抑之第一章。

馮傳贊又云：「小弁之詩作，離騷之辭興。經曰：心之憂矣，涕既隕之。」

案：小弁，舊說以爲幽王廢太子宜臼而詠者。詩序以爲太子之傅所作，而朱熹集傳以爲宜臼自作。今讀之，有怨不得於父母之意。「心之憂矣，涕既隕之。」即小弁之詩。班固引之，以悲馮參姊弟。

宣元六王傳贊：「詩云：『貪人敗類』，古今一也。」

案：見大雅桑柔。言貪惡的人易於敗善，所以不可習近。

史丹傳贊：「無言不讎，終獲忠貞之報。」

案：詩大雅抑：「無言不讎，無德不報。」班固即用此詩之意以美史丹。

引用書經者：

伍被傳贊：「伍被安於危國，身爲謀主，忠不終而詐讎，誅夷不亦宜乎。書放四罪，詩歌青蠅，春秋以來，禍敗多矣。」

案：班固稱書放四罪，即指尚書虞書：「流共工，放驩兜，竄三苗，殛鯀」之事。

張騫傳贊：「言九州山川，尚書近之矣。」

案：此班固言九州山川，取尚書禹貢之說，不從史記禹本紀。

西域傳贊：「書曰：西戎卽序。」

案：引尚書禹貢文。

百官公卿表序：「書載唐虞之際，命羲和四子順天文，授民時；咨四岳，以舉賢才，揚側陋；十有二牧，柔遠能邇；禹作司空，平水土；棄作后稷，播百穀；卨作司徒，敷五教；咎繇作士，正五刑；垂作共工，利器用；精作朕虞，育草木鳥獸；伯夷作秩宗，典三禮；夔典樂，和神人；龍作納言，出入帝命。」

案：此仍依尚書堯典文。

荆燕吳傳贊：「冊為權首，將受其咎。」

案：此出自逸周書，謂朝錯奏請削弱諸侯封地，為國遠慮，結果反而禍及己身。

引用周禮者：

百官公卿表序：「天官冢宰，地官司徒，春官宗伯，夏官司馬，秋官司寇，冬官司空，是為六卿。」

案：六官之說出自周禮。

引用禮記者：

外戚恩澤侯表序：「傳稱武王克殷，追存賢聖，至乎不及下車。」

案：禮記樂記云：「武王克殷，反商，未及下車，而封黃帝之後於薊，封堯帝之後於祝，封帝舜之後於陳。」班固所言，卽指此事。

引用左傳者：

景十三王傳贊：「是故古人以宴安爲鴆毒。」

案：左傳閔公元年春：「宴安酖毒，不可懷也。」班固卽引此義。

武五子傳贊：「秦將吏外畔，賊臣內發，亂作蕭牆，禍成二世。故曰：『兵猶火也，弗戢必自焚』。」

案：「兵猶火也，……」乃左傳隱四年文。

六經在中國學術上具有崇高地位，也是中國固有文化最重要的部份。班固在藝文志中有六藝略，在諸子略中，特別強調六經爲諸子之本，他說：「今異家者，各推所長，窮知究慮，以明其旨，雖有蔽短，合其要歸，亦六經之支與流裔。」又述儒林傳，說明西漢傳經源流。他在贊中說：「自武帝立五經博士，開弟子員，設科射策，勸以官祿，訖於元始，百有餘年，傳業者寖盛，支葉蕃滋，一經說至百餘萬言，大師衆至千餘人，蓋祿利之路然也。初，書唯有歐陽、禮后、易楊、春秋公羊而已。至孝宣世，復立大小夏侯尚書，大小戴禮，施、孟、梁丘易，穀梁春秋。至元帝世，復立京氏易。平帝時，又立左氏春秋、毛詩、逸禮、古文尚書。所以罔羅遺失，兼而存之，是在其中矣！」班固指出了前漢經學興盛的原因，及各經傳授派別，給後世從事經學研究者，開闢了一條坦然的大道。

三、雜採陰陽五行學說

陰陽五行之說，對中國的學術思想與民間的習俗影響很大，尤其在漢代，不管在政治、社會、經濟各方面都瀰漫著濃厚的陰陽五行色彩，其勢力之大，幾乎可與儒家學說分庭抗禮。班固生於東漢，其著漢書，當然也離開不了陰陽五行的思想，除在志中特別列有五行志外，又如：

高帝紀贊：「漢承堯運，德祚已盛，斷蛇著符，旗幟上赤，協于火德，自然之應，得天之統。」

當時社會流行一種五德終始說，他們以爲黃帝得土德，禹據木德而興，湯以金德尅夏木，文王以火德而尅商金，秦幷天下，應以水德尅周火。歷史的演變，卽照五行的次序運轉下去。但高祖成功後，仍居水德，或因秦國祚太短，不承認其爲一德的緣故。但到文帝時，卽有人出來反對，說漢革秦命，應以土德代水德，可是後來卻因某種原因又改爲火德，漢書注臣瓚云：「漢承堯緒，爲火德。」卽從班固的說法。

四、沿承司馬遷的見解

班固漢書，除武帝以前的史料常依史記外，其對於歷史人物的論贊，也常從司馬遷的看法。如評司馬相如，漢書贊卽引司馬遷稱：「春秋推見至隱，易本隱以之顯，大雅言王公大人，而德逮黎庶，小雅譏小己之得失，其流及上，所言雖殊，其合德一也。相如雖多虛辭濫說，然其要歸引之於節儉，此亦詩之風諫何異？」又項籍傳贊云：「周生亦有言，舜蓋重童子。項羽又重童子，豈其苗裔耶！」亦從太史公之說。他佩服司馬遷作史記「善序事理，辨而不華，質而不俚，其文直，其事核，不虛美，不隱惡。」難怪劉向、揚雄皆稱司馬遷有良史之材，班固也同樣的佩服他。

五、從劉向、劉歆的說法

劉向與其子歆爲西漢末年的大儒，其所著七略，爲我國經籍目錄學之祖。漢書藝文志，即刪省七略而成。藝文志序云：「至成帝時，以書頗散亡，使謁者陳農求遺書於天下。詔光祿大夫劉向校經傳諸子詩賦，步兵校尉任宏校兵書，太史令尹咸校數術，侍醫李柱國校方技。每一書已，向輒條其篇目，撮其旨意，錄而奏之。會向卒，哀帝復使向子侍中奉車都尉歆卒父業。歆於是總羣書而奏七略，故有輯略，有六藝略，有諸子略，有詩賦略，有兵書略，有術數略，有方技略。今刪其要，以備篇籍。」班固對向、歆十分推崇，常稱他們博極羣書，所以撰述漢書，在思想上也難免受其影響。如：

高帝紀贊：「劉向云：戰國時劉氏自秦獲於魏。」

案：指秦伐魏，劉氏隨軍，被魏所獲。班固從劉向說。

賈誼傳贊：「劉向稱賈誼言三代與秦治亂之意，其論甚美，通達國體，雖古之伊、管未能過也。使時見用，功化必盛。爲庸臣所害，其可悼也。」

案：此班固引劉向之語以贊悼賈誼。

董仲舒傳贊：「劉向稱董仲舒有王佐之材，雖伊呂亡以加，筦晏之屬，伯者之佐，殆不及也。至向子歆以爲伊呂乃聖人之偶，王者不得則不興。故顏淵死，孔子曰：噫！天喪余。唯此一人爲能當之。自宰我、子贛、子游、子夏不與焉。仲舒遭漢承秦滅學之後，六經離析，下帷發憤，潛心大業，令後學者有所統壹，爲羣儒首，然考其師友淵源所漸，猶未及乎游夏，而曰筦晏弗及，伊呂不加，過矣。至向曾孫龔，篤論君子也，以歆之言爲然。」

案：此班固似乎偏從劉歆之說。

東方朔傳贊：「劉向言少時數問長老賢人通於事及朔時者，皆曰朔口諧倡辯，不能持論，喜爲庸人誦說，故令後世多傳聞者。」

案：此引劉向話以批評東方朔。

六、從揚雄的說法

班固在漢書敍傳贊美揚雄說：「淵哉若人，實好斯文，初擬相如，獻賦黃門。輟而覃思，草法纂玄，斟酌六經，放易象論。潛於篇籍，以章其身。」班固對揚雄之學養，可說是推崇備至。在其評論人物時，偶而亦引揚雄的說法。如：

東方朔傳贊：「揚雄亦以爲朔言不純師，行不純德，其流風遺書蔑如也。」

案：班固卽從揚雄之意，認爲東方朔之言行，著書立說，均不足以爲法。

七、繼承其父班彪的說法

班固所著漢書諸篇，有韋賢傳、翟方進傳、元后傳，三篇的論贊均引用其父班彪的說法。

韋賢傳：「司徒掾班彪曰：漢承亡秦絕學之後，祖宗之制因時施宜。自元、成後學者蕃滋，貢禹毀宗廟，匡衡改郊兆，何武定三公，後皆數復，故紛紛不定。何者？禮文缺微，古今異制，各爲一家，未易可偏定也。考觀諸儒之議，劉歆博而篤矣！」

翟方進傳：「司徒掾班彪曰：丞相方進以孤童攜老母，羈旅入京師，身爲儒宗，致位宰相，盛矣。當莽之起，蓋乘天威，雖有賁、育，奚益於敵。義不量力，懷忠憤發，以隕其宗，悲夫。」

元后傳：「司徒掾班彪曰：三代以來，春秋所記，王公國君，與其失世，稀不以女寵。漢興，后妃之家呂、霍、上官，幾危國者數矣。及王莽之興，由孝元后歷漢四世爲天下母，饗國六十餘載，羣弟世權，更持國柄，五將十侯，卒成新都，位號已移天下，而元后卷卷猶握一璽，不欲以授莽，婦人之仁，悲夫。」

有人以爲班固之論贊襲自其父，其實不然。顏師古云：「漢書諸贊，皆固所爲。其有叔皮先論述者，固亦具顯以示後人，而或謂固竊盜父名，觀此可以免矣。」（見韋賢傳贊注）但我們由此可看出班固作漢書受其父影響之深。

八、從其他家的學說

班固學本多方，本傳稱他「博貫載籍，九流百家之言，無不窮究，學無常師。」因此漢書諸篇的論贊，也常引用諸子、說苑、國語、屈賦等說。如：

酈陸朱劉叔孫傳贊：「語曰：廊廟之材，非一木之枝，帝王之功非一士之略。」

案：顏師古云：此語本出愼子。

馮奉世傳贊：「伯奇放流。」

案：說苑云：「王國子前母子伯奇，後母子伯封，兄弟相重。後母欲令其子立爲太子，乃譖伯奇，而王信之，乃放伯奇。」班固言「伯奇放流」，卽指此事而言。

馮傳贊又云：「申生雉經。」

案：國語：「晉獻公黜太子申生，乃雉經于新城之廟。蓋俛頸閉氣而死。若雉爲之。」班固卽指此而說。

馮傳贊又云：「屈原赴湘。」

案：此事見屈原漁父。屈原曰：「寧赴江流，葬於江魚腹中。」

漢書之思想極爲博大，非區區數言所能道盡。敘傳說：「凡漢書，敍帝皇，列官司，建侯王。準天地，統陰陽，闡元極，步三光。分州域，物土疆，窮人理，該萬方。緯六經，綴道綱，總百氏，贊篇章。函雅故，通古今，正文字，惟學林。」以上在總說帝紀、表、志、列傳，備有天地鬼神人事，政治道德，術藝文章。汎而言之，天地萬物，無不包括在漢書之中。

第五章：史記與漢書的比較

漢書在體制上是沿續史記而來，其在武帝以前的史實，也大部分是根據史記的資料，只不過稍作了一些補充和文字上的變動而已。但其間仍有區別，今就二書不同之點，扼要敍述如下：

一、寫作立場的不同

史記是一部私書，司馬遷在其報任少卿書一文中，說明了他作史記的目的，是欲「究天人之際，通古今之變，成一家之言」的獨立創作。他的思想偏重於黃老，書中充滿著關心民生疾苦，與批評帝王罪惡的觀點。並雜揉各家學說，具有豐富的思想內容。漢書則是受詔而作的官書，作者是站在儒家正統思想的立場，爲朝廷服務。有人以它缺乏批評現實的精神，輕視百姓的經濟生活，而成爲追功頌德，附會權寵的官史。在漢書的帝紀中，這種傾向非常顯著。有如史記中入於「本紀」「世家」的項羽、陳涉，漢書皆貶入列傳，失去了原有的光彩。又反抗暴政，同情百姓的游俠人物，在史記裡寫得有聲有色，一到了漢書卻被判爲死罪，如班固在游俠傳說：「惜乎不入於道德，苟放縱於末流，殺身之宗，非不幸也。」又云：「況於郭解之倫，以匹夫之細，竊殺死之權，其罪已不容於誅矣！」在這些地方，表現出史記與漢書在寫作觀點上，有根本的不同。（參見中國文學發展史）

今再以司馬遷與班固對於屈原離騷的批評，也可以看出二家在思想上的不同。司馬遷在屈原傳說

：「今讀離騷、天問、招魂、哀郢悲其志，適長沙，觀屈原所自沈淵，未嘗不垂涕，想見其爲人。」可見出司馬遷對屈原之崇拜。傳又說：「國風好色而不淫，小雅怨誹而不亂，若離騷者可謂兼之矣！……其文約，其辭微，其志潔，其行廉；其稱文小，而其指極大，舉類邇而見義遠。其志潔，故其稱物芳；其行廉，故死而不容自疏。濯淖汙泥之中，蟬蛻於濁穢，以浮游塵埃之外，不獲世之滋垢，皭然泥而不滓者也。推此志也，雖與日月爭光可也。」司馬遷對屈原的作品和人格有極高的評價，贊稱離騷可與日月爭光。但班固卻不以爲然，他在離騷序說：「今屈原露才揚己，競乎危國羣小之間，以離讒賊，然數責懷王，怨惡椒蘭，愁神苦思，強非其人，忿懟不容，沈江而死，亦貶絜狂狷景行之士，多稱崑崙冥婚，宓妃虛無之語，皆非法度之政，經義所在，謂之兼風雅而與日月爭光，過矣。」從此論中可以看出班固對於文學的觀點，他認爲文學的創作必須有益社會，輔助教化，這種思想和司馬遷有很大的區別。

二、史記爲通史體，漢書爲斷代體

史記是我國通史體和紀傳體之母，上起黃帝，下止漢武，上下數千年，正如司馬遷自己所說的是要「通古今之變」，所以規模宏偉，氣魄壯大，具有會通古今，反應社會全貌的精神。但因其年代久遠，史事繁雜，就難免有疏略和抵牾的地方。漢書是斷代史，上起高祖，下終王莽，時間只不過二百多年，再加上史記在先，又有了班彪的後傳作基礎，寫來就方便多了。其規模雖小於史記，但記載事實是較爲詳細。（參見中國文學發展史）在細節上有下列幾點不同：

1.史記之本紀漢書省稱爲紀，並將項羽本紀改爲傳，又增立惠帝紀。

2.史記有表，是與本紀、書、世家、列傳相表裡，既包括全書之內容，又匯列諸體不能備載之史迹，經緯縱横，遂使歷史興亡治亂之端緒得以瞭若指掌。漢書因之，但合併爲六，而又增列外戚和古今人表。

3.史記以書記朝章國典。漢書改書爲志，又增刑法、五行、地理、藝文四志。

4.史記以世家記王侯諸國，取其受命開國，世代相襲之意。而班固作漢書，則併世家於列傳。

5.史記以列傳敍列人臣事迹，可傳之於後世者。漢書省稱爲傳，又多數人合爲一傳，標題皆改書姓名，編次依年之先後，井然有秩，又刪出倉公傳而不載。

6.史記以太史公自序一文殿之於後。漢書則改稱爲敍傳。

7.史記於每篇後加「太史公曰」作其總論，漢書亦仿之，但改稱爲「贊曰」。

三、文筆上的差異

漢書的文辭不如史記通俗、流暢和變化多端。史記多用奇筆，純爲散體，其善於突出人物性格之特徵，通過人物之性格來表現人物。所以文辭生動，繁簡得當，往往只用寥寥數言，就使讀者如見其人，如聞其聲，它這種具有口語化、通俗化的優良精神，又淺易近人，簡潔明朗，實爲史記文章的一大特色。

漢書喜用古字，並尚藻飾，傾於俳偶，入於艱深。劉知幾史通言語篇指漢書之文辭說：「怯書今語，勇效昔言。」此或為漢書之一大缺點，但它多用偶句，整煉工麗的作風，影響了六朝駢文的發展。范曄說：「遷文直而事覈，固文贍而事詳。」（見班固傳）正指出史、漢文筆之不同風格。再就字句而論，史記繁，漢書簡，也是二書不同的地方。

四、文辭上的不同

漢書在武帝大初以前的事迹雖襲自史記，但在文辭上並非一字不改，今將二書參比對照，仍有差別。如：

史記稱號不一，而漢書則力求一致。

史記呂后本紀：「三月中，呂后祓，還過軹道，見物如蒼犬，據高后掖。」上用「呂后」，下用「高后」。漢書五行志則統一稱「高后」。

又史記項羽本紀：「獨籍所殺漢軍數百人，項羽亦身被十餘創。」上稱籍下稱項羽。漢書項籍傳並改稱羽，以求統一。

史記多虛字，漢書則加以省簡。

史記陳涉世家：「入宮，見殿屋帷帳，客曰：夥頤，涉之為王沈沈者。」漢書陳涉傳刪去「頤」字。郭嵩燾史記札記曰：「案夥，驚喜詫歎之聲。頤者，語詞。」

又史記淮陰侯列傳：「諸將易得耳，至如信者，國士無雙。」耳、者二字為語尾助詞，漢書韓信傳並刪除。

漢書有更改史記不合理的語詞。

史記高祖本紀：「太公家令說太公曰：天無二日，土無二王。今高祖雖子，人主也；太公雖父，人臣也。」高祖爲廟號，生前不該作如此稱，所以漢書高帝紀改稱爲「皇帝」，比史記合理。

漢書常刪去史記的同義複辭。

史記外戚世家：「薄姬曰：昨暮夜妾夢蒼龍據吾腹。」暮、夜二字爲同義複詞，漢書外戚傳則刪去「暮」字。

又史記黥布列傳：「布甚大怒。」「甚、大」同義複詞，漢書黥布傳刪「甚」字。

漢書將繁複的語詞承上省略。

史記衞將軍驃騎列傳：「封青子伉爲宜春侯，青子不疑爲陰安侯，青子登爲發干侯。」史記連用三「青」字，漢書衞青傳則刪去下二字。

漢書刪去史記之衍詞。

史記孝文本紀：「方今內有朱虛、東牟之親，外畏吳、楚、淮南、琅邪、齊、代之彊。方今高帝子獨淮南王與大王，大王又長，賢聖仁孝，聞於天下。」史記連用二「方今」，李笠史記訂補云：「讀者每疑此爲衍文，笠謂此亦史文不忌繁緟之證。非有誤也。」漢書文帝紀則刪去上「方今」二字。

漢書改字，但其說卻反不如史記。

漢書文帝紀：「宗室將相王別侯以爲其宜寡人，寡人不敢辭。」「宜」史記作「莫」，王念孫漢書雜誌認為「宜」字文義不順，當依史記作「莫」。楊樹達讀王氏漢書雜誌獻疑也從王氏的說法。又如淮南王傳：「王亦愈欲休」，「愈」史記作「偷」，王念孫以為漢書「愈」當依史記讀作「偷」，楊樹達也從此說。

五、年代上的差別

史記與漢書在記事上，年代往往相差一年。如：

韓信擊魏豹。史記在漢三年，漢書在二年。（史記淮陰侯列傳，漢書韓彭英盧傳）司馬光資治通鑑云：「漢二年九月，信擊虜豹，傳詣滎陽；悉定魏地，置河東、上黨、太原郡。」則從漢紀年。

韓信擊殺龍且。史記云在漢三年，漢書則在四年（見同前）通鑑云：「漢三年十一月，齊、楚與漢夾濰水而陳。韓信夜令人為萬餘囊，滿盛沙，壅水上流；引軍半渡擊龍且，佯不勝，還走。龍且果喜曰：固知信怯也。遂追信。信使人決壅囊，水大至，龍且軍大半不得渡，即急擊殺龍且，水東軍散走，齊王廣亡去。」此乃從史記紀年。

諸侯會垓下。史記云在漢四年，漢書在漢五年。（史記高祖本紀，漢書高帝紀）史記以為諸侯大會垓下在漢四年。集解引徐廣稱是在該年七月。但史記又云：「五年，高祖與諸侯兵共擊楚軍，與項羽決勝垓下。」若從史記說，則由諸侯會垓下到與項羽決戰，所涉時間前後共二年，恐有誤。通鑑採班固說法。云：「五年，十二月，項王至垓下，兵少，食盡，與漢戰不勝，入壁，漢軍及諸侯兵圍之數重。」

漢王徙齊王信於楚，史記云在漢王卽帝位以後。漢書則云在殺羽之後，未卽帝位之前。（見同前）史記高祖本紀云：「五年春，正月，諸侯及將相與共請尊漢王爲皇帝。……甲午乃卽帝位氾水之陽。」又云：「皇帝曰：義帝無後。齊王韓信習楚風俗，徙爲楚王，都下邳。」漢書則云齊王信更立爲楚王乃五年春正月事，然後諸侯再上疏拜漢王爲皇帝尊號。而漢王使騎將灌嬰殺項羽於東城，是在漢五年十二月。通鑑從漢書之說。

蕭何造未央宮。史記云在漢八年，漢書則云在漢七年。（見同前）史記高祖本紀云：「八年，高祖東擊韓王信餘反寇於東垣。蕭丞相營作未央宮，立東闕、北闕、前殿、武庫、太倉。」漢書則云「七年春二月，至長安。蕭何治未央宮。」通鑑從漢書說。

黥布封九江王後，史記謂七年朝陳，八年朝洛陽；漢書則謂六年朝陳，七年朝洛陽。（史記黥布傳，漢書韓彭英盧吳傳）

瀧川龜太郎史記會注考證云：「楓、三本，七年作六年，八年作七年，與漢書合。愚按：高紀會諸侯在陳，在六年，如洛陽在八年。卽七年當從漢書作六年，八年本書爲是。」瀧川龜太郎之意，以爲黥布是在六年朝陳，乃從漢書說；而朝洛陽是在八年，則從史記。

王先謙漢書補注引王先愼的說法與瀧川龜太郎相同，王氏說：「史記作七年朝陳，八年朝雒陽。案：朝陳卽會諸侯執韓信之歲，本書（漢書）六年是也。朝雒陽之年當從史記。高紀八年三月行如雒陽，九月行自雒陽至，淮南王從，即此事，明七爲八之譌。」

趙王友入朝，幽死於邸。史記云在高后八年。漢書在七年。（史記齊悼王世家。漢書高五王傳）

史記齊悼惠王世家云：「哀王八年，高后割齊琅邪郡立營陵侯劉澤爲琅邪王。其明年，趙王友入朝，幽死於邸。」齊哀王八年即高后七年。漢書記載此事並在高后七年。而史記、漢書高后紀，也云趙王友幽死是在高后七年春正月丁丑。又兩書之諸侯王表亦並在七年。可見史記齊悼王世家「其明年」（即高后八年）爲誤。

年代的記載漢書較史記正確，司馬遷曾參與太初曆的修訂，其所根據或出自太初曆。其中顯然因疏忽而致錯者，班固則每據秦楚之際月表及其他年表加以訂正。如史記高祖本紀稱「蕭、曹、樊噲收沛子弟二三千人，攻胡陵、方與，還守豐。」是在秦二世元年末，漢書高帝紀則依秦楚之際月表改在漢二年十月。像這種例子不少，正是所謂「前修未備，後出轉精。」

六、史實稍有差異

史、漢兩書所記載的史實亦稍有差異，可見互有所據。如：

史記謂田榮擊殺田安，而漢書則謂田安被彭越所殺。

史記項羽本紀：「田榮聞項羽徙齊王市膠東，而立齊將田都爲齊王，乃大怒，不肯遣齊王之膠東，因以齊反，迎擊田都。田都走楚。齊王市畏項王，乃亡之膠東就國。田榮怒，追擊殺之即墨。榮因自立爲齊王。而擊殺濟北王田安，並王三齊。」而漢書項籍傳則云：「田榮聞羽徙齊王市膠東，而立田都爲齊王，大怒，不肯遣市之膠東，因以齊反，迎擊都，都走楚。市畏羽，乃亡之膠東就國。榮怒，追殺之卽墨，自立爲齊王。予彭越將軍印，令反梁地。越乃擊殺濟北王田安。」

史記項羽本紀、高祖本紀皆云項羽徙義帝長沙，都郴，使衡山王、臨江王，擊殺義帝。漢書高帝紀則云：羽使九江王布擊殺義帝於郴。

漢書顏師古注云：「謂衡山、臨江、九江三王，羽皆使殺義帝，而擊殺者乃九江王也。」師古從漢書之說。

史記稱楚軍在定陶被秦軍打敗，知項梁死，楚懷王大恐，乃從盱台徙彭城，並合項羽呂臣的兵自己帶領。漢書則稱項羽、劉邦聞項梁死，乃將懷王從盱台遷都彭城。

史記項羽本紀云：「楚兵已破於定陶，懷王恐，從盱台之彭城，並項羽、呂臣軍自將之。」但漢書高帝紀卻說：「沛公、項羽方攻陳留，聞梁死，士卒恐，乃與將軍呂臣引兵而東，徙懷王自盱台都彭城。」

史記張耳傳稱外黃有富人女嫁給庸奴。漢書則說富人女兒所嫁的丈夫像庸奴。

史記張耳傳：「外黃富人女甚美，嫁庸奴，亡其夫，去抵父客。父客素知張耳，乃謂女曰：必欲求賢夫，從張耳。女聽，乃卒爲請決，嫁之張耳。」史記以爲富人女所嫁的名庸奴。但漢書張耳傳則說：「外黃富人女甚美，庸奴其夫，亡邸父客，父客謂曰：必欲求賢夫，從張耳。」班固認爲富人女兒視其夫似庸奴，所以才離去。

荆王劉賈。史記謂不知其爲何屬，漢書說他是高祖從祖兄弟。史記高祖本紀：「高祖曰：將軍劉賈數有功，以爲荆王，王淮東。」不說他是高祖何屬。但漢書荆燕吳傳云：「荆王劉賈，高帝從父兄也。」師古注曰：「父之兄弟之子，爲從父兄弟也。」

燕王劉澤。史記謂諸劉遠屬。漢書則謂高祖從祖兄弟。史記高祖功臣侯者年表云：「與高祖疏屬劉氏。」而漢書云：「燕王劉澤，高祖從祖昆弟。」師古曰：「言同曾祖，從祖而別。」卽同曾祖之兄弟。

張丞相傳。史記說高后崩，曹窋不與大臣共誅諸呂，所以被免官。漢書則稱曹窋皆與大臣謀共誅諸呂，後因坐事才被免官。史記張丞相列傳：「任敖……高后時爲御史大夫。三歲免，以平陽侯曹窋爲御史大夫。高后崩，不與大臣共誅呂祿等，免，以淮南相張蒼爲御史大夫。」漢書作「與大臣共誅諸呂，後坐事免。」史記「不」字爲衍文。史記會注考證云：「呂后紀云：高后葬後，窋行御史大夫事。卽中令賈壽，以灌嬰與齊楚合從，欲誅諸呂，告相國呂產。窋以語馳告丞相陳平、太尉周勃，則窋固非不與大臣共謀誅諸呂者也。」趙翼二十二史劄記，將曹窋誤爲任敖。

史記說沛公破豐，命雍齒守之，而雍齒以豐降魏，沛公攻之，不能下，於是項梁增益沛公兵五千名攻豐，不說此役之勝負。然漢書則說攻豐拔之，雍齒奔魏。

史記高祖本紀只云：「項梁益沛公卒五千人，五大夫將十人。沛公還，引兵攻豐。」不說此役之勝負，但集解引徐廣曰：「表云：拔之，雍齒奔魏。」與漢書說法相同。

韓信傳。史記說漢王之敗彭城，信收兵與漢王會於滎陽。漢書則說信發兵與漢王會於滎陽。趙翼云：「是時信未分地，從何發兵，蓋收集潰卒耳，收字得實。」趙氏從史記的說法。

田蚡傳。史記稱景帝後三年，封蚡為武安侯。而漢書則說武帝初卽位，蚡以舅封為武安侯。趙翼說：「景帝後三年，正是武帝卽位之歲，蚡乃武帝所封，特是時尚未改元耳。」所以史記、漢書二說，並可相通。

李廣傳。史記說李廣被匈奴所得，被綁盛於兩馬中間，廣佯死，睨其旁有一胡兒騎善馬，乃忽騰而上，推墮胡兒，乘其馬歸。漢書則說抱胡兒鞭馬往南馳。其實「抱」與「推墮」之義並無不同。（說已詳前）

李陵傳。史記說陵降匈奴，漢武帝聽到單于以女妻陵，便族其母與妻子。漢書則說漢聞李陵敎匈奴兵，遂族其母妻子。後乃知敎匈奴兵的是李緒，並不是李陵。

史記李將軍列傳云：「單于旣得陵，素聞其家聲；及戰，又壯，乃以其女妻陵而貴之。漢聞，族陵母妻子。」前人多以為史記李陵傳不是司馬遷手筆，而是後人所續。梁玉繩云：「此下（指陵傳）皆後人妄續也。無論天漢間事，史（史記）所不載，而史公因陵被禍，必不書之。其詳別見於報任安書，蓋有深意焉。觀贊中但言李廣，而無一語及陵可見。且所續與漢傳不合。如族陵家在陵降歲餘之後，匈奴妻陵，又在族陵家之後。而此言單于得陵，即以女妻之；漢聞其妻單于女，族陵母、妻、子。並誤也。且漢之族陵家，因公孫敖誤以李緒教單于兵爲李陵之故，不關妻單于女。」（史記志疑）梁氏乃從漢書立說。

七、人名、地名二書互有出入

史記云項羽之美人名虞，而漢書則說姓虞氏。

史記項羽本紀：「有美人名虞，常幸從。」集解引徐廣說：「一云：姓虞氏。」周壽昌說：「婦人從夫姓，即以己姓爲名，後世猶然。後書（後漢書）曹世叔妻班昭，字曰惠班；晉李恆妻衞鑠，稱名曰李衞；趙孟頫妻管道昇，稱名曰趙管，皆是。」如果周氏之說沒錯的話，那麼虞當是美人的姓氏。

史記云漢王敗入關，又東出，袁生說漢王出武關，令滎陽、成臯，間且得休息。漢書袁生作轅生。

袁樞年譜云：「袁通爰、轅、榬、溒、援，一姓有六字五族之異。」所以袁、轅二字相通。

史記陳涉世家伍徐、朱房，漢書陳涉傳改爲五逢、朱防。

史記陳涉世家云：「章邯已破伍徐，擊陳，柱國房君死。」伍徐，集解引徐廣曰：「一作逢。」今漢書作五逢。又史記朱房漢書作朱防，房、防二字可以相通。文選謝莊月賦：「徘徊房露。」注：「房與防古字通。」

吳王濞傳。史記云高祖封兄仲爲郃陽侯，漢書作合陽侯。

集韻：「郃一曰合也。」所以史記郃陽侯與漢書合陽侯同。

周勃傳。史記云沛公拜勃爲虎賁令，漢書作襄賁令。

史記絳侯周勃世家云：「沛公拜勃爲虎賁令，以令從沛公定魏地。」集解引徐廣曰：「一云：句盾令。」索隱曰：「漢書云襄賁令。賁音肥，縣名，屬東海。徐廣又云：句盾令，所見本各別也。」但沈欽韓以史記之說爲是，他說：「高祖方用勃爲將，安得遠縣棄之。」（史記會注考證引）

周仁傳。史記先稱周文然後說他名仁，漢書直呼爲周仁。

史記萬石張叔列傳：「郎中令周文者，名仁，其先故任城人。」漢書周仁傳只說：「周仁，其先任城人也。」

八、史記、漢書繁簡不一

史記云漢騎將追項羽，爲羽所叱，人馬俱驚的是赤泉侯，但不寫其姓名。而漢書則說是楊喜。

史記項羽本紀說以後分項羽四體的有楊喜，但又不說楊喜就是赤泉侯。漢書所記雖較詳細具體，但不知其何據。

史記稱項羽燒秦宮室而東歸，說者譏其沐猴而冠。漢書則指出那說者是韓生。

史記項羽本紀云：「項王見秦宮室皆以燒殘破，又心懷思欲東歸，曰：富貴不歸故鄉，如衣繡夜行，誰知之者。說者曰：人言楚人沐猴而冠耳。果然。」漢書指出那說者是韓生，較史記爲詳。但楚漢春秋、揚子法言都云說者是蔡生，與漢書不同。可能在司馬遷的時候已有多種的傳說，莫衷一是，所以只言「說者」。而楚漢春秋、揚雄、班固則各記其所聞。

史記云：「秦始皇以東南有天子氣，乃東游以厭之。高祖卽自疑，隱於芒碭山澤之間，呂后以其所居處常有雲氣，求輒得之。而漢書卻刪去「卽自疑」三字。

趙翼云：「高祖以匹夫而以天子自擬，正見其志氣不凡也。漢書刪此三字，便覺無意。」漢書雖較史記簡省，但不如史記得體。

張良傳。史記載其所致四皓的姓名是東園公、用里先生、綺里季、夏黃公。漢書只云四人而不著姓氏。漢書張良傳云：「顧上有所不能致者四人，四人年老矣，皆以上嫚侮士，故逃匿山中，義不為漢臣。然上高此四人。」漢書較史記省去四人姓名。師古注云：「四人：謂園公、綺里季、夏黃公、用里先生，所謂商山四皓也。」與史記同。

以上是二書主要不同的地方。近人吳福助先生所著史漢關係，比較甚詳。但若要論二書的優劣，實難分軒輊。史記凡五十二萬六千五百字，因為書寫在受刑之後，所以持論有時難免偏激，對漢武帝尤多微辭。全書貫通古今，頗具遠識，如列貨殖、游俠、刺客於列傳，合孟、荀為一傳，屈原、賈誼為一傳，均為特見。漢書共八十餘萬字，其行文立論較為嚴肅，多詳經世之典。其古今人表、藝文志、地理志、五刑志，均屬創體。因此，二書在文學、史學上都有同樣的貢獻。

第六章・・漢書對後世文學的影響

班固是漢代有名的史學家，也是辭賦家，少具文才，凡諸子百家之書，無不窮究，所著漢書，文辭凝鍊，結構謹嚴，又善於敍事，持論平穩，在文學上有很大的成就。它跟史記一樣，是文學的歷史，也是歷史的文學。因它喜用駢偶，注重詞藻的華麗，所以在中國駢文發展史上具有崇高的地位。

一、裁密思靡，多用偶句，爲六朝駢文家所宗。

中國文學可分爲散文和韻文，而史記乃用奇筆寫成，是一部最好的散文典範。班固漢書，其文亦駢亦散，兼有揚雄、司馬相如之長，造句用典，極盡華靡，並善用對句，如「欒公哭粱，田叔殉道；見危授命，誼動明主。」（敍傳）「位冠羣臣，聲施後世」（蕭何曹參傳贊）等，影響了魏晉六朝駢文的發展，曾國藩說：「班固則毗於用偶，韓愈則毗於用奇，蔡邕、范尉宗以下，如潘、陸、沈、任等比者，皆師班氏者也。」陳天倪也說：「漢書爲整文，上承典謨訓詁之遺，下立黃初典午之則，其流爲六朝駢儷，與史記對峙。」所以李申耆稱漢書之文「裁密思靡，遂爲駢體科律。」

二、善於敍述，記載詳實，人物描寫生動，對於後世傳記文學起了示範的作用。

史記、漢書都是以人物爲中心的紀傳體，因此善於描寫人物，成爲二書文學上的重要特色。他們能用不同的筆調，不同的語言，生動的刻劃出人物的性格和面貌。每記一事，條理明晰，經過曲折，記載詳實，纖細不遺，給讀者以深刻難忘的印象，如記霍光廢昌邑王一事，在前敍述太后所穿之衣服，繼敍宣讀詔書，而將太后之言揷於其中，當時情態，卽栩栩如生（見霍光傳）。又如蘇武傳，描述蘇武的忠貞，衞律先以威逼，復施利誘，勸武投降的神態，以及李陵赴北海見武，說以母喪兄逝，髮妻改嫁，言人生如朝露，蘇武仍不爲所動，李陵那無可奈何的心情，個性分明，神情畢露，皆不亞於司馬遷的手筆。劉師培說：「漢書前半多本史記，而武帝以後之記傳，亦自具其特長，不容與史記軒輊。卽如陳遵原涉兩傳（卷九十二），何滅於郭解朱家（史記卷一百二十四）？趙飛燕傳（卷九十七下外戚傳）雖似小說家言，而實係當時之實錄。至其表現仁厚及暴虐者之神情，亦無不惟妙惟肖。如朱雲傳記廷折張禹事（卷六十七），迄今讀之，猶生氣勃勃，可知史漢非空以寫作文章者也。」（參見劉師培漢魏六朝之寫實文學）。所以華嶠曾評之曰：「固之序事，不激詭，不抑抗，贍而不穢，詳而有體，使讀之者亹亹而不厭，信哉其能成名。」使後來從事傳記文學寫作者，有了典範。

三、音節協調，有助於誦讀。

音調和諧，也是文章美的要素之一。因行文抑揚頓挫有致，則可涵詠而得其韻味，所以古人作文章，對音調甚爲講究，如漢賦、六朝駢文，無不工於音律。在漢書中除一些表和地理志、藝文志之類，無音節可誦外，其他十之八、九皆可成誦，就像食貨志、郊祀志亦並音節流通，毫不蹇礙。其紀傳後之贊與兩都賦後之明堂詩、靈台詩尤爲雅暢和諧，是班固文中音節最佳的地方，後來蔡邕、建安七子之文，講究音節，多少是受班固的影響。

四、漢書精於剪裁，轉折不露痕迹，可供有志文學資料整理者的參考。

漢書武帝以前之紀傳十九篇與史記同，其剪裁、轉折都十分自然，就是不見於史記的其他各篇，其轉折也頗值得後人效法。如賈誼傳賈誼之治安策原散見於賈子新書，而前後次序與此迥異，經班固刪併貫串，組織成篇，卽能一脈相承，毫不牽強。又如董仲舒傳董仲舒對江都王之語原見於春秋繁露「對膠西王越大夫不得爲仁」篇，雖顚倒錯綜，繁簡異致，但能前後融貫，不見斧斲痕迹。推此可知，漢書刪節當時之文一定很多，特以原文散佚已久，而班固又精於轉折，所以今難加以考見。（參見劉師培論文章之轉折與貫串）

五、班固認爲文學應反映人生，影響以後重視實用的文學理論。

文學之創作，究竟應注重個性的表現，或是反應社會，歷來仁智所見不同。司馬遷雖無具體的提出文學的創作理論，但從他的作品中，我們隱隱約約的可以看出，他是偏重於文學應爲藝術而藝術的觀念，認爲文學主要是在宣洩作者的情感，所以他稱離騷則說是憂愁幽思，其稱詩書也是如此。他在史記自序中說：「夫詩書隱約者，欲遂其志之思也。」又說：「詩三百篇，大抵賢聖發憤之所爲作也。此人皆意有所鬱積，不得通其道也。」從這二句話，司馬遷論文的觀點不難見出。到了班固作漢書，對文學的主張漸有轉變，漢書藝文志詩賦略曰：「傳曰：不歌而誦謂之賦，登高能賦，可以爲大夫。言感物造耑，材知深美，可與圖事，故可以爲列大夫也。古者諸侯卿大夫交接鄰國，以微言相感，當揖讓之時，必稱詩以諭其志，蓋以別賢不肖而觀盛衰焉。故孔子曰：不學詩，無以言也。春秋之後，周道寖壞，聘問歌詠不行於列國，學詩之士逸在布衣，而賢人失志之賦作矣。大儒孫卿及楚臣屈原，離讒憂國，皆作賦以風，咸有惻隱古詩之義。其後宋玉、唐勒，漢興，枚乘、司馬相如，下及揚子雲，競爲侈麗閎衍之詞，沒其風諭之義，是以揚子悔之曰：詩人之賦麗以則，辭人之賦麗以淫，如孔氏之門人用賦也，則賈誼登堂，相如入室矣，如其不用何！」讀此文，可以看出班固認爲詩文應有益於教化，換言之，文學應與道合一。難怪司馬遷以爲可與日月爭光的離騷，在班固眼中卻變成了屈原露才揚己的作品，如果我們了解其間思想的變遷，也就沒有什麼好詫異的了。

六、網羅各家作品，有助於文學資料之保存與流衍。

漢書雖然是一部寫前漢歷史的偉大著作，但它不只是單純史事的記載，並且也反應出當時政治、經濟、學術各方面發展過程，也網羅了各家不少的文學作品，包括了詩歌、辭賦、策論、銘誄、文章等各種不同的文體。如東方朔傳則收有他的答客難和非有先生論二篇文章。在賈誼傳中則收有他的治安策及弔屈原、鵩鳥二賦，另外賈誼又作有論積貯疏，則見在食貨志中，過秦論在陳勝項籍傳錄有全文的中間部分。董仲舒傳則收有他的天人三策和董仲舒對三仁一文。司馬相如的作品在本傳中則收有他所作的子虛、上林、大人、哀秦二世等賦和難蜀父老、封禪文等。揚雄的作品在本傳收有反離騷、甘泉、河東、羽獵、長楊、解嘲、解難等賦。在趙充國傳有趙充國頌一篇。游俠陳遵傳有酒箴一篇。匈奴傳有上書諫勿許單于朝一篇。其他各家也都如此，大凡前漢優美文章，可說是備錄無餘，這對中國文學資料的收集和保存，有很大的貢獻。

七、在藝文志中將詩賦單獨列成一類，使文學和學術有所區別、

漢書藝文志六略，乃將劉歆之七略，刪去輯略而成，它是中國正史中第一部有介紹典籍的，我們藉此可以了解中國學術之源流。班固本劉歆將純文學性的作品列爲詩賦一略，以後目錄學家如晉荀勖中經新簿，劉宋王儉七志，梁阮孝緒七錄、隋書經籍志，直至清修四庫全書將文學作品單獨成類，不與羣經諸子混合，或受班固之啓示。

第七章：對漢書的批評

漢書之得失，在前面各節中已有論述，現在再將後人對漢書之評述，分門別類，歸結其要點，使我們對漢書有更深一層的認識。

一、就寫作的精神來看

班固的漢書是從正統觀念出發，來敍述並評價歷史人物，立論較爲嚴肅，不像史記那樣具有積極精神和進步觀點。另一方面，作者能夠尊重客觀的歷史事實，一般的做到了實錄，這就客觀地反映出當時的社會現實，從而暴露了社會的衝突，以及朝廷貴族生活的奢侈腐朽；有些也反映出人民的疾苦，並對人民表示同情，使我們讀了漢書之後，對西漢的社會，有一眞實完整的面貌。

二、就資料的蒐集來看

漢書自高祖至武帝，紀、傳、表、書志都用史記的資料，以後昭、宣、元、成、哀、平、王莽七朝，又多取材賈逵、劉歆。八表、天文志又由其妹昭和馬續所補。又有其父班彪的太史公書後傳六十五篇作基礎，所以有人批評漢書固所自作的極少。甚者又指責其用史記原文及引用戰國策、過秦論、及陸賈新語之文，都未說明其出處，譏其剽竊，其實古人著述，往往如此，獨不能苛求班固。且寫史以資料眞實爲可貴，以敍述爲能事，不能憑空虛構，所以班固抄錄前書，並不足以爲過。而其難得的是在於網羅散失，剪裁折衷，以求至當。如班固雖取自史記，但節去了日者、倉公等傳，因其事煩，不加編次。班固這種善於整理資料的工夫實在令人敬佩。

三、就體制來看

班固斷代為史，劉知幾贊其「可首尾全貫，既免重出，又易誦習。」（見史通六家篇）但鄭樵卻以為「斷代史則失前後銜接會通之義，故繁複迭出，傷風敗義。」（通志總序）其實斷代為書，寫來易精，而且也較為方便，因前代已亡，則記述前代史事，顧忌較少，評論政治得失，臧否人物，都較當代自由客觀，所以從班固以後，凡正史都沿用漢書斷代的體例。

漢書是採用史記紀傳體的方式，其紀、表、書、傳都因襲史記的體制。在紀中刪去項羽本紀，增立惠帝紀，較史記為精，但劉知幾亦評漢書平帝以後的事迹不編入紀，而咸著王莽傳中，且竟書莽年，頗為失當。（見史通編次篇）八表，後人也有所毀譽，尤其古今人表最受人指責，前已論及。至於十志，王鳴盛評其先後顛倒，應加改正。改河渠書為溝洫志，亦名實不相應。十志的次序應為：天文、五行、律曆、地理、溝洫、食貨、禮樂、郊祀、刑法、藝文。（見十七史商榷）劉知幾也說「天文志無漢事，頗失斷限；藝文不應作志；五行則多迂闊詭妄，不必作志。」（史通書志序）但平心而論，漢書藝文志，乃刪取劉歆七略而成，是我國經籍目錄學之濫觴，可以借此稽考各代著作的流行，對於學術的研究有極大的貢獻，所以劉氏之評，並非至論。又五行之說，可以說是兩漢的時代風尚，作者列此志，正可反映出當時社會，只不過是五行之說極為荒悠，當然不易求其精密。鄭樵、章學誠對於地理志也頗有微詞，鄭樵謂「班固地理，主於郡國，無所底止，雖有其書，不如無也。」（通志總序）章學誠則譏地理志無圖是一大缺失。（見文史通義）

漢書廢世家同入列傳，劉知幾大爲稱許，又對漢書之分類傳、合體傳，也表贊同，但對附傳，則頗多評議，認爲其編次錯亂，極失體例。（見史通世家因襲編次）章學誠則說儒林、循吏等分類傳之標題，事重於人，規制極爲謹嚴。（見文史通義）但也有人譏評漢書爲范蠡、子貢、白圭諸人立傳，頗失斷代之史例。然此乃後人妄造目錄，才遭致此譏，並非漢書舊體如此。

四、就形式來看

晉人張輔說：「世人稱司馬遷、班固之才優劣，多以班爲勝，余以爲史遷敘三千年事，五十萬言；班固敍二百年事，八十萬言，煩省不敵，固之不如遷必矣！」張氏以言辭之多寡，來定二人之高下，實在難令人信服。劉知幾說得很對，煩費簡省不應以字數多寡爲標準，而應以取捨是否精當爲斷。史通省煩篇說：「夫論史之煩省者，但當要其妄載，苦於榛蕪；言有闕書，傷於簡略，斯則可矣。必量世之厚薄，限篇第之多少，理則不然。」所以評定史、漢的優劣，是在其有無價值，而不在於字數的多寡。

漢書句法極爲整齊，多用駢偶，劉知幾指其「怯書今語」，不如史記文詞簡潔明暢，淺易近人。但兩書都是史的文學，美本是文章的一大要求，所以就文辭上說，漢書是進步的。

五、就內容來看

漢書有許多優秀的篇章，在暴露現實，反映生活，描寫人物上，都有很好的成就。如在蘇武傳中寫出了蘇武的愛國精神和民族氣節；在東方朔傳中，描繪了東方朔詼諧善諷的特性，反映出宮廷的淫侈生活；在朱買臣傳中，刻劃了知識分子在貧苦富貴不同環境中的精神面貌，諷刺了舊社會的勢利醜態；在外戚傳中，暴露了宮闈的種種黑幕和帝王們殘暴的事迹；在霍光傳中，主動的描繪了外戚的專橫暴虐和他的爪牙們魚肉鄉民的罪行；在張禹傳中，刻劃出大官吏壓迫平民，驕奢淫侈，而又善於阿媚取寵，保持祿位的眞實形象。這些人物都寫得有個性，而且也具有典型的意義。（參見中國文學發展史）全書包括甚廣，取材也極爲宏大，所以班固仍然不失爲良史之才。書評林虞舜治說：「孟堅所掇拾以成一代之書者，不過歷朝之詔令，諸臣之奏疏爾，非子長網羅數千年之事，縱橫數十家之籍比，然其游揚成一家言，擧其章之尤著者，若東方朔之詼諧，疏廣之高潔，丙魏之持國，霍光之托孤，陳遵之游俠，趙充國之屯田，蘇武之奉使，甘陳之攘夷，言人人殊，各底其極，眞如咸英韶濩之奏，聽之者心融，青黃黼黻之彩，觀之者目駭。」對於漢書可以說是推崇備至。但晉傅玄也指出漢書的缺失，如論國體則飾主闕而折忠臣，敍世敎則貴取容而賤直節，述時務則謹辭章而略事實。傅氏的評述算是十分中肯。

漢書尚有最難得的，是在各傳中，凡與學術、政務有關的文章，一一加以載錄，如賈誼傳錄有治安策，鼂錯傳載有敎太子疏、言兵事疏、募民徙塞下疏、賢良策諸文，路溫舒傳載有尚德緩刑疏，賈山傳載有至言，鄒陽傳載有諷諫吳王濞邪謀書，枚乘傳載有諫吳王謀逆一書，韓安國傳載有與王恢論伐匈奴事，公孫宏傳載有賢良策。這些文章都是關係經國大計，或邊疆治安，或用人之道，或提出政治主張，這都是史記所沒有，正由於此，而使漢書具有更高的價值。

第八章．．漢書注本及有關漢書的重要著述

漢書成書以後，替它作注的有不少家。史通正史篇說：「漢書始自漢末，迄乎陳世，爲其注解者，凡二十五家。」到了唐顏師古，才綜合各家的注解，刪繁補略，再裁於自己的意見，成爲一家之言，世稱爲漢書的忠臣。在其漢書敍例中提到陳以前漢書的注家有荀悅、服虔、應劭、伏儼、劉德、鄭氏、李斐、李奇、鄧展、文穎、張揖、蘇林、張晏、如淳、孟康、項昭、韋昭、晉灼、劉寶、臣瓚、郭璞、蔡謨、崔浩等人。但師古所根據的主要以服虔、應劭、晉灼、臣瓚、蔡謨五家。師古於敍例中又說：「漢書舊無注解，唯服虔、應劭等各爲音義，自別施行，至典午中朝，爰有晉灼，集爲一部，凡十四卷，又頗以意增益，時辯前人當否，號曰漢書集注。屬永嘉喪亂，金行播遷，此書雖存，不至江左。是以爰自東晉迄於梁、陳，南方學者皆弗之見。有臣瓚者，莫知氏族，考其時代，亦在晉初，又總集諸家音義，稍以己之所見，續厠其末，舉駁前說，喜引竹書，自謂甄明，非無差爽，凡二十四卷，分爲兩帙。今之集解音義則是其書，而後人見者不知臣瓚所作，乃謂之應劭等集解。王氏七志，阮氏七錄，並題云然，斯不審耳。……蔡謨全取臣瓚一部散入漢書，自此以來始有注本。但意浮功淺，不加隱括，屬輯乖舛，錯亂實多，或乃離析本文，隔其辭句，穿鑿妄起。職此之由，與未注之前大不同矣。謨亦有兩三處錯意，然於學者，竟無弘益。」五家所注的得失，從此敍例中可以看出其大概，

而師古的漢書注，卽折中五家之說並加潤色之。另外又添增荀悅漢紀、崔浩漢書音義、郭璞注司馬相如傳三家。有人批評師古所注漢書，多根據其叔遊秦所撰漢書決疑一書。此書共有十二卷，甚爲學者所稱贊。但師古漢書注卻全未提及，因此後人卽譏其有攘竊之嫌。其實父子世業，叔姪相續，學成家言，正不足病。（參見近人徐浩二十五史論綱）

唐時與顏師古同時注漢書的尙有多家，趙翼陔餘叢考云：「師古時有劉伯莊、劉訥言、及秦景通兄弟皆名家。景通晉陵人，與弟暐俱精漢書，時號大秦君小秦君，學漢書者，非其所授，以爲無法，此又師古同時之精於漢書者也。」今新唐書藝文志除錄有顏師古注漢書一百二十卷外，尙有御銓定漢書八十七卷，顏胤漢書古今集義二十卷。宋、元、明以後，間亦有不少注家，今唯以顏師古爲準，其他各家大多已亡佚。

清代學者，對於漢書的研究也有相當的成績，據張儐生漢書著述目錄考，計有下列諸家。

1. 董大弼史漢參微　佚
2. 錢人龍漢書注　佚
3. 章士斐讀漢書記　未見
4. 陳厚曜漢書正譌　未見
5. 何焯讀漢書記六卷　存
6. 陳景雲兩漢書舉正五卷　未見

7. 齊召南等前漢書考證　存

8. 王峻漢書辨誤四卷　未見

9. 吳岱齡漢書訂譌增注　存疑

10. 杭世駿漢書疏證十六卷　未見

11. 杭世駿漢書蒙拾三卷　存

12. 金甡漢書評林訂誤　未見

13. 全祖望漢書地理志稽疑六卷　存

14. 牛運震漢書糾繆一卷　存

15. 趙一清漢書顏注刋誤　未見

16. 趙一清漢書地理校正　未見

17. 王元啓漢書正譌二卷　存

18. 查虞昌漢書蠡酌四卷　未見

19. 王鳴盛漢書商榷四卷　存

20. 趙翼史漢箚記三卷　存

21. 宋鑒漢書地理考　未見

22. 錢大昕漢書考異四卷　存

23. 段玉裁漢書地理志校正　未見
24. 錢大昭漢書辨疑二十二卷　存
25. 錢坫新斠漢書地理志十六卷　存
26. 錢坫漢書十表注十卷　未見
27. 楊于果漢書箋論五卷　存
28. 王念孫讀漢書雜誌十六卷　存
29. 吳士堅漢書蠡說　未見
30. 蔣師爚漢書疏證　未見
31. 洪亮吉漢書發伏四卷　存
32. 劉台拱漢書拾遺一卷　存
33. 李賡芸漢書地理志藝文志考證二卷　未見
34. 石韞玉漢書刋誤一卷　存
35. 王紹蘭漢書地理志校注二卷　存
36. 吳翊鳳漢書考證十六卷　未見
37. 劉文如漢書疑年錄一卷　存
38. 梁玉繩漢書人表考九卷　存

39. 吳卓信漢書地理補注一百三卷　存
40. 臧庸輯蕭該漢書音義三卷　存
41. 翟灝漢書藝文補志　未見
42. 龔麗正前漢書質疑　未見
43. 洪頤煊漢書水道考證四卷　存
44. 洪頤煊讀漢書叢錄三卷　存
45. 陳壽祺前漢拾遺一卷　未見
46. 洪飴孫漢書地理志考證　未見
47. 沈欽韓漢書疏證三十六卷　存
48. 徐松新斠注漢書地理志集釋十六卷　存
49. 徐松漢書西域傳補注二卷　存
50. 龔自珍讀漢書隨筆　未見
51. 汪遠孫漢書地理志校本二卷　存
52. 夏燮校漢書八表八卷　存
53. 柳興恩漢書校勘記　未見
54. 汪士鐸漢書釋地略又漢志釋地　存

55.姚燮漢書日札四卷　未見
56.陳澧漢書地理志水道圖說七卷　存
57.周壽昌漢書注校補五十六卷　存
58.何若瑤漢書注考證一卷　存
59.翟云升校正漢書八表一卷　存
60.蔡雲漢書人表考校補一卷　存
61.傅澤鴻史漢發明五卷　未見
62.李銘慈漢書札記七卷　存
63.王榮商漢書補注七卷　存
64.楊守敬漢書地理志校補二卷　存
65.楊守敬前漢書地理志圖　存
66.楊守敬補漢書古今人表四卷　未見
67.楊守敬漢書二十四家古注輯存十二卷　未見
68.丁謙漢書匈奴傳地理考證二卷　存
69.丁謙漢書南夷兩粤朝鮮傳地理考證一卷　存
70.吳汝綸漢書點勘二册　附錄姚姬傳張廉卿二家圈識一册　存

71. 沈家本漢書瑣言五卷　存
72. 沈家本漢書侯國郡縣表一卷　存
73. 王先謙前漢書補注一百卷　存
74. 朱一新漢書管見四卷　存
75. 繆荃孫漢書引經異文錄證二卷　存
76. 繆祐孫漢書引經異文錄證六卷　存
77. 周正權漢書律曆志補注訂誤　存
78. 沈宗畯西漢書校　未見
79. 王肇釗讀漢書日記一卷　存
80. 鳳曾敘讀漢書日記一卷　存
81. 徐鴻鈞讀漢書日記一卷　存
82. 朱錦綬讀漢書日記一卷　存
83. 沈維賢前匈奴表三卷附錄一卷　存
84. 費葵兩漢書地理考二卷　未見
85. 葛璇史漢箋略　未見
86. 吳春照前漢書校勘記　未見

87.汪鎔漢書萃要錄　未見
88.陳廷許漢書雋　未見
89.楊大鶴史漢同異二卷　佚
90.楊大鶴史漢注辨疑二卷　佚

以上九十家，其中以沈欽韓漢書疏證、周壽昌漢書注校補較爲重要。而王先謙更擷其精華，成漢書補注，是顏師古以後注漢書最偉大的著作。王氏是周壽昌的門下，深得周氏漢書的眞傳，窮究漢書，凡三十餘年，鈔集各家之說百萬餘言，取捨精深，用力甚勤，是研讀漢書必須參考的一部大作。

附錄一

漢書各傳內容大要

陳勝項籍傳第一

陳勝，字涉，秦，陽城人。秦二世時，與吳廣俱戍守漁陽，因被大雨所阻，失期當斬；乃共殺都尉，召令徒屬，揭竿起兵以抗秦。當時各郡縣苦秦法太苛，於是相率歸向，羣起響應，勝乃自立爲「張楚王」，聲勢大張，後被秦將章邯所敗，其手下莊賈殺之以降秦。史記有陳涉世家。

項籍，字羽，秦，下相人。少有奇才，力能扛鼎。秦二世時，從叔父梁擧兵，叛秦；梁死，籍代梁率其軍隊，大破秦軍，率諸侯師入關，殺秦降王子嬰，焚咸陽，自稱西楚霸王，分封天下王諸侯共有十八，以劉邦爲漢王都巴蜀南鄭。後與劉邦爭天下，因其爲人慓悍殘忍，剛愎自負，有一范增不能用，又棄關中天險而都彭城，失天下之利，終被劉邦所敗，困垓下，走烏江，自刎而死。史記有項羽本紀。

贊曰：「昔賈生之過秦曰：……始皇旣沒，餘威震于殊俗。然而陳涉，甕牖繩樞之子，甿隸之人，遷徙之徒也，材能不及中庸，非有仲尼、墨翟之知，陶朱、猗頓之富。躡足行伍之間，而免起阡陌之中，帥罷散之卒，將數百之衆，轉而攻秦。斬木爲兵，揭竿爲旗，天下雲合響應，嬴糧而景從，山東豪俊遂並起而亡秦族矣。具天下非小弱也；雍州之地，殽函之固，自若也。陳涉之位，不齒於齊、楚、燕、趙、韓、魏、宋、衞、中山之君；鉏耰棘矜，不敵於鉤戟長鎩；適戍之衆，不亢於九國之師；深謀遠慮，行軍用兵之道，非及曩時之士也。然而成敗異變，功業相反，何也？試使山東之國與陳涉度長絜大，比權量力，不可同年而語矣。然秦以區區之地，致萬乘之權，招八州而朝同列，百有餘年，然后以六合爲家，殽函爲宮。一夫作難而七廟墮，身死人手，爲天下笑者，何也？仁誼不施，而攻守之勢異也。」——此述陳勝。

贊又云：「周生亦有言，舜蓋重童子，項羽又重童子，豈其苗裔邪？何其興之暴也！夫秦失其政，陳涉首難，豪桀蜂起，相與並爭，不可勝數。然羽非有尺寸，乘勢拔起隴畝之中，三年，遂將五諸侯兵滅秦，分裂天下而威海內，封立王侯，政繇羽出，號爲伯王，位雖不終，近古以來未嘗有也。及羽背關懷楚，放逐義帝，而怨王侯畔己，難矣。自矜功伐，奮其私智而不師古，始霸王之國，欲以力征經營天下，五年卒亡其國，身死東城，尚不覺寤，不自責過失，乃引『天亡我，非用兵之罪。』豈不謬哉！」——此段評論項羽。

張耳陳餘傳第二

張耳，大梁人。早期在魏任外黄令，與陳餘爲刎頸之交，秦末爲趙相，項羽封爲常山王，不久與陳餘交惡。後來降漢，引韓信兵滅趙，殺餘，受封爲趙王。

陳餘，亦大梁人，與張耳並爲魏之名士。魏滅，同謁陳涉，請兵與陳人武臣略得趙地，立武臣爲趙王，餘爲代王，耳爲趙相。後因怨項羽不封其爲王，便向齊田榮借兵討伐張耳，在漢二年，張耳降漢，三年耳與韓信破趙，斬陳餘於泜水上。

贊曰：「張耳、陳餘，世所稱賢，其賓客廝役皆天下俊桀，所居國無不取卿相者。然耳、餘始居約時，相然信死，豈顧問哉！及據國爭權，卒相滅亡，何鄉者慕用之誠，後相背之盭也！勢利之交，古人羞之，蓋謂是矣！」

魏豹田儋韓(王)信傳第三　（魏豹　田儋　韓王信）

魏豹，生於秦末，原魏之公子，魏亡，豹出走；楚懷王使復魏地，立爲魏王。項羽封爲西魏王，都平陽。漢二年三月降漢，後又叛，漢王派韓信擊虜之，後被漢將周苛所殺。

田儋，狄人，故齊王族。陳涉使周市略地至狄，儋擊殺令，自立爲齊王，略定齊地，秦將章邯圍魏王咎於臨濟，儋將兵救魏。章邯夜銜枚擊，大破齊楚軍，殺儋於臨濟下。史記有田儋列傳。

韓(王)信，生於漢初，與淮陰侯韓信同時同名，本爲戰國故韓襄王之孫；後歸高祖，漢既略定韓地，立信爲韓王，所以也稱之爲韓王信。後被徙太原，使禦胡人；數與匈奴和，高祖因疑而加以責備，信因此結匈奴以叛漢；高祖派遣柴武擊斬之。

贊曰：「周室既壞，至春秋末，諸侯耗盡，而炎黃唐虞之苗裔尚猶頗有存者。秦滅六國，而上古遺烈掃地盡矣。楚漢之際，豪桀相王，唯魏豹、韓信、田儋兄弟爲舊國之後，然皆及身而絕。橫之志節，賓客慕義，猶不能自立，豈非天乎！韓氏自弓高後貴顯，蓋周烈近與！」

韓彭英盧吳傳第四（韓信　彭越　黥布　盧綰　吳芮）

韓信，淮陰人。初家甚貧，常釣於城下，就食於漂母，又嘗受淮陰少年跨下之辱。不久從項梁起兵，輾轉歸漢，拜爲大將，涉西河虜魏王，下井陘，定趙齊，立爲齊王；又將兵會垓下，滅項羽，立爲楚王。與張良、蕭何稱漢興三傑。後被告謀反，高祖僞游雲夢，執之至洛陽，赦爲淮陰侯。陳豨反，高祖親征，信稱病不從，呂后用蕭何謀，騙他到長樂宮後斬之。史記有淮陰侯列傳。

彭越，昌邑人，字仲。秦末事項羽，後歸漢，收魏，定梁，滅楚，多建奇功，封爲梁王。當高祖擊陳豨，徵兵於梁，越稱疾，另派他將率兵前往，高祖怒而加以責備，其將扈輒勸越反，越不從；梁太僕走告漢王，高祖收誅越，夷三族。

黥布，六縣人，本姓英，坐法黥，因稱黥布。秦末從項羽破秦軍，入咸陽，封九江王。漢二年四月，邦用隨何計，英布叛楚，三年降漢。從高祖破項羽於垓下，封淮南王。及彭越、韓信被誅，懼禍及身，遂反，兵敗死之。

盧綰，豐人，與高祖同里、同日生，及長，又同塾，甚相愛。從高祖起兵，爲將軍；因破臧荼有功，封燕王。陳豨反，帝疑綰與通；綰遁降匈奴，封東胡盧王。

吳芮，番陽人。秦時爲番陽令，得民心，號曰番君；項羽入咸陽後，被封爲衡山王，都邾。其女嫁英布爲妻。後舉兵應漢，漢五年，封爲長沙王。

贊曰：「昔高祖定天下，功臣異姓而王者八國。張耳、吳芮、彭越、黥布、臧荼、盧綰與兩韓信，皆徼一時之權變，以詐力成功，咸得裂土，南面稱孤。見疑強大，懷不自安，事窮勢迫，卒謀叛逆，終於滅亡。張耳以智全，至子亦失國。唯吳芮之起，不失正道，故能傳號五世，以無嗣絕，慶流支庶。有以矣夫，著於甲令而稱忠也！」

荆燕吳傳第五（荆王劉賈　燕王劉澤　吳王劉濞）

荆王劉賈，高祖從父兄。因擊項羽入楚，天下安定後，封爲荆王。黥布反時，東擊荆，被布軍所殺。

燕王劉澤，高祖之從祖昆弟。初封爲營陵侯。高后崩後，與齊王討諸呂，至長安。孝文帝立，後封爲燕王，謚號敬。

吳王劉濞，爲高祖兄劉仲之子，被封爲吳王。朝錯奏請削諸侯封地時，濞與膠西、膠東、菑川諸王造反。大將周亞夫帶兵擊之，濞敗走東越，被殺。

贊曰：「荆王王也，由漢初定，天下未集，故雖疏屬，以策爲王，鎭江淮之間。劉澤發於田生，權激呂氏，然卒南面稱孤者三世。事發相重，豈不危哉！吳王擅山海之利，能薄斂以使其衆，逆亂之萌，自其子興。古者諸侯不過百里，山海不以封，蓋防此矣。朝錯爲國遠慮，禍反及身。『毋爲權首，將受其咎。』豈謂錯哉！」

楚元王傳第六　（劉交　劉戊　劉辟彊　劉德　劉向　劉歆）

楚元王，名交，字游，漢高祖同父少弟。好讀書，多材藝。高祖爲沛公時，跟從入關，封文信君。高祖卽位，立爲楚王，卒諡號元。他少時與魯穆生、白生、申公並從浮丘伯學詩，申公始爲詩傳，號稱魯詩，交亦綴集詩傳，稱元王詩。因元王好詩，諸子皆讀詩。

高后時，封元王子郢客爲上邳侯；元王卒，文帝乃以郢客嗣，是爲夷王，立四年薨，子戊嗣。景帝卽位，元王寵子五人並封侯：子禮爲平陸侯，富爲休侯，歲爲沈猶侯，埶爲宛朐侯，調爲棘樂侯。

劉戊稍淫暴，與吳王謀反，後爲漢將周亞夫所平，戊自殺。景帝以平陸侯禮爲楚王，奉元王後，傳至延壽，與何齊謀反，因敗露，延壽自殺，國除。休侯富後封爲紅侯，其子辟彊等四人供養，仕於朝。富傳國至曾孫，無子，絕。

辟彊字少卿，亦好讀詩，能屬文，清靜少欲，常以書自娛，不肯仕，昭帝時拜爲光祿大夫。子德年三十餘，待詔丞相府。

劉德，字路叔，諡繆侯。修黃老術，有智略，爲人寬厚，好施生，官至太中大夫，封陽城侯。

劉向，父劉德，漢楚元王交四世孫，字子政，本名更生。通達能文，淵懿純粹，簡易無威儀，廉靜樂道，不交接世俗，專積思於經術，晝誦書傳，夜觀星宿，或不寐達旦。宣帝朝，爲諫大夫，累遷給事中，坐事免，復起，更名向，拜郎中遷光祿大夫，數上封事，以陰陽休咎論時政得失，語甚切直；元帝時爲中壘校尉，時外戚王莽專權，向爲所扼，不得重用，所著有洪範五行傳論、列女傳、列仙傳、新序、說苑等書。年七十二卒，向三子皆好學，長子伋，以易教授，官至郡守；中子賜，九卿丞，早卒，少子歆，最知名。

劉歆，向之少子，字子駿，建平初，改名秀，字穎叔，初治易，後受穀梁左傳；成帝時，與向領校秘書；向死後，爲中壘校尉；哀帝卽位，王莽擧爲侍中太中大夫，遷騎都尉。集六藝羣書，種別爲七略，乃中國目錄學之祖。又以左氏傳多古字古言，便引傳文以解經，由是章句義理均備，欲建立左氏春秋及毛詩、逸禮、古文尚書皆列於學官，爲衆儒所訕，且忤執政大臣，出爲河內太守，徙五原涿郡，及王莽執政，復爲中壘校尉，羲和，京兆尹，封紅休侯。典儒林史卜之官，考定律曆，著三統曆譜。王莽篡漢，引歆爲國師，後莽殺其三子，潛謀誅莽，事洩自殺。

贊曰：「仲尼稱『材難不其然與！』自孔子後，綴文之士衆矣，唯孟軻、孫況、董仲舒、司馬遷、劉向、揚雄。此數公者，皆博物洽聞，通達古今，其言有補於世。傳曰：『聖人不出，其間必有命世者焉』，豈近是乎？劉氏洪範論發明大傳，著天人之應；七略剖判藝文，總百家之緒；三統曆譜考步日月五星之度。有意其推本之也。嗚虖！向言山陵之戒，于今察之，哀哉！指明梓柱以推廢興，昭矣！豈非直諒多聞，古之益友與！」

季布欒布田叔傳第七　（季布　欒布　田叔）

季布，楚地人，任俠有名。曾爲項羽將，數窘高祖。項羽滅後，高祖購之千金，後被赦，召任郎官。以重然諾，聞名關中，當時有「得黃金百斤，不如得季布一諾」之諺言。

欒布，梁地人。初與彭越交遊，曾爲奴於燕，後爲燕王臧荼將，漢擊荼虜布，時越已爲梁王，贖之，使爲大夫。後越被誅，令不得收視，布獨收而哭之，高祖壯其義，拜爲都尉。文帝時爲燕相，至將軍。吳軍反，布以功封鄃侯，復爲燕相。燕齊之間，皆爲立社，號欒公社。

田叔，陘城人。爲人廉直喜任俠，趙王張敖以爲郎中。會趙午、貫高謀刺高帝，事發覺，漢下詔捕趙王及羣臣反者。田叔等隨趙王至長安，趙王廢爲宣平侯，上召見叔，與之語，漢廷臣無能出其右者，上悅，拜爲漢中守。後爲魯相。卒於官。

贊曰：「以項羽之氣，而季布以勇顯名楚，身履軍搴旗者數矣，可謂壯士。及至困戹奴僇，苟活而不變，何也？彼自負其材，受辱不羞，欲有所用其未足也，故終爲漢名將。賢者誠重其死。夫婢妾賤人，感槩而自殺，非能勇也，其畫無俚之至耳。欒布哭彭越，田叔隨張敖，赴死如歸，彼誠知所處，雖古烈士，何以加哉！」

高五王傳第八　（齊悼惠王劉肥　趙隱王劉如意　趙幽王劉友　趙共王劉恢　燕靈王劉建）

齊悼惠王劉肥，母曹夫人，高祖六年立，食七十餘城。孝惠二年，與帝燕飲太后前，帝置其上座，如家人禮。太后怒，欲毒殺之。齊王從內史士言，獻城陽郡以尊公主爲王太后，呂太后喜而許之。後十三年薨，子襄嗣。其子前後凡九人爲王，國爲最大。

趙隱王劉如意，九年立，戚夫人生。四年，高祖崩，呂太后徵王到長安，鴆殺之。無子，絕。

趙幽王劉友，高祖姬所生，十一年立爲淮陽王，後徙爲趙王，凡立十四年。友以諸呂女爲后，但不愛，愛他姬，諸呂女怒而讒於太后，太后怒而召之。趙王至，置邸不見，令衞圍守之，不得食。其羣臣或竊饋之，輒捕而論之。乃幽死，以民禮葬於長安。高后崩，孝文即位，立幽王子遂爲趙王。

趙共王劉恢，亦高祖姬生，十一年，梁王彭越誅，立恢爲梁王。十六年，趙幽王死，呂后徙恢於趙，恢心不樂。太后以呂產女爲趙王后，且鴆殺其愛姬。王悲思，六月自殺。太后聞之，廢其嗣。

燕靈王劉建，亦高祖姬生，十一年，燕王盧綰亡入匈奴，明年，立建爲燕王。十五年薨，有子，太后使人殺之，絕後。

贊曰：「悼惠之王齊，最爲大國。以海內初定，子弟少，激秦孤立亡藩輔，故大封同姓，以塡天下。時諸侯得自除御史大夫羣卿以下衆官，如漢朝，漢獨爲置丞相。自吳楚誅後，稍奪諸侯權，左官附益阿黨之法設。其後諸侯唯得衣食租稅，貧者或乘牛車。」

蕭何曹參傳第九

蕭何，沛人。楚漢相爭時，何以丞相留守巴、蜀。鎮撫諭告百姓，使給軍食。功成，封安平侯。

漢之典制律令多其手定。惠帝時卒，謚文終侯。

曹參，沛人。秦時爲獄掾，楚漢之爭，助高祖有功，封執帛。何薨，參代爲相，舉事無所變更，壹遵何之約束，後稱「蕭規曹隨」。爲相三年薨，謚曰懿侯。

贊曰：「蕭何、曹參皆起秦刀筆吏，當時錄錄未有奇節。漢興，依日月之末光，何以信謹守管籥，參與韓信俱征伐。天下既定，因民之疾秦法，順流與之更始，二人同心，遂安海內。淮陰、黥布等已滅，唯何、參擅功名，位冠羣臣，聲施後世，爲一代之宗臣，慶流苗裔，盛矣哉！」

張陳王周傳第十 （張良　陳平　王陵　周勃）

張良字子房，其先韓人也。秦滅韓，良悉以家財求客刺秦王，爲韓報仇，得力士狙擊始皇於博浪沙，中副車，秦求賊甚急。良更姓名亡匿下邳，受太公兵法於圯上老人。高祖起兵，良常爲畫策，滅項羽，定天下，及帝卽位，封留侯。晚好黃老，學神仙辟穀之術。以功名終，謚文成。

陳平，陽武人。少家貧，好讀書，美如冠玉。嘗宰里中社，分肉甚均，父老善之。平曰：使平得宰天下，亦如此肉矣。陳涉起，平事項羽爲信武君，尋因魏無知歸高祖，拜都尉，使參乘，典護軍。至滎陽，以平爲亞將，或讒平居家時盜其嫂，高祖以讓無知，無知曰：臣所言者能也，陛下所問者行也。今有尾生、孝已之行，而無益於勝敗之數，陛下何暇用之乎？高祖乃拜平護軍中尉，盡護諸將。屢出奇策，縱反間，以功封曲逆侯。惠帝時爲左丞相，呂后崩，與周勃合謀誅諸呂，劉氏賴以復存。

文帝時專爲丞相。卒諡獻。

王陵，沛人。始爲縣豪，高祖微時兄事陵。及高祖起沛，陵聚衆數千屬之。天下既定，以功封安國侯，爲右丞相。呂后欲立諸呂爲王，以問陵，陵曰：非約也。後又問陳平、周勃，皆曰可。陵責之，謝病死。

周勃，沛人。以織薄曲爲生，常爲人吹簫給喪事。從高祖起兵，木彊敦厚，高祖以爲可屬大事，佐帝定天下，封絳侯。諸呂欲危劉氏，勃以計誅之，漢室以安。文帝立，拜右丞相，卒諡武。

贊曰：「聞張良之智勇，以爲其貌魁梧奇偉，反若婦人女子。故孔子稱『以貌取人，失之子羽』。學者多疑於鬼神，如良受書老父，亦異矣。高祖數離困厄，良常有力，豈可謂非天乎！陳平之志，見於社下，傾側擾攘楚、魏之間，卒歸於漢，而爲謀臣。及呂后時，事多故矣，平竟自免，以智終。王陵廷爭，杜門自絕，亦各其志也。周勃爲布衣時，鄙樸庸人，至登輔佐，匡國家難，誅諸呂，立孝文，爲漢伊周，何其盛也！始呂后問宰相，高祖曰：『陳平智有餘，王陵少戇，可以佐之；安劉氏者必勃也。』又問其次，云『過此以後，非及所及』。終皆如言，聖矣夫！」

樊酈滕灌傅靳周傳第十一（樊噲　酈商　夏侯嬰　灌嬰　傅寬　靳歙　周緤）

樊噲，沛人。初屠狗爲業，後從高祖起兵，屢立戰功，封賢成君。高祖入關，欲居秦宮室，噲諫，乃還霸上。項羽與高祖會於鴻門，范增欲殺高祖，噲持盾撞入，蔽讓項羽，得免。高祖卽帝位，封舞陽侯，遷左丞相，卒謚武。

酈商，高陽人。食其之弟，封曲周侯，謚景。初，沛公至陳留，率四千附之，擊項羽，又討黥布，官至右丞相。

夏侯嬰，初爲滕令奉車，故號滕公，沛人。高祖微時，與嬰甚相得，及高祖爲沛公，以爲太僕，從攻秦軍。以後高祖爲項羽所敗，急馬馳遁，棄孝惠、魯元，嬰收載之。迨高祖即帝位，封爲汝陰侯。孝惠帝即位，懷其舊德，尤見尊異。孝惠帝崩，嬰與大臣共立文帝，卒謚文。

灌嬰，睢陽人。從高祖打天下，累著功績，封潁陰侯。呂后之亂，與陳平、周勃誅諸呂，立文帝，以功進太尉，勃免相，嬰代之。

傅寬，初從沛公爲舍人，攻趙賁，擊楊熊。及沛公爲漢王，從入漢中爲右騎將，定三秦齊地，封陽陵侯，爲齊相國，謚景侯。

靳歙，初爲高祖侍臣，官騎都尉，從定三秦，封信武侯。

周緤，沛人。以舍人從高祖起沛，至霸上，西入蜀漢，還定三秦，封鄘城侯。謚號貞。

贊曰：「仲尼稱：『犂牛之子騂且角，雖欲勿用，山川其舍諸？』言士不繫於世類也。語曰：『雖有茲基，不如逢時。』信矣！樊噲、夏侯嬰、灌嬰之徒，方其鼓刀僕御販繒之時，豈自知附驥尾，勒功帝籍，慶流子孫哉？當孝文時，天下以酈寄（商子）爲賣友。夫賣友者，謂見利而忘義也。若寄父爲功臣而又執劫，雖摧呂祿（與酈寄友善），以安社稷，誼存君親，可也。」

張周趙任申屠傳第十二（張蒼　周昌　趙堯　任敖　申屠嘉）

張蒼，陽武人。秦時爲御史，後歸漢，從攻臧荼有功，封北平侯。精通律曆，明習圖書計籍，蕭何爲相，蒼以列侯居相府，後爲淮南王相，十四年遷御史大夫。孝文初爲丞相，後謝病免，卒諡文。

周昌，苛從弟，秦時爲泗水卒史。從漢王入關破秦，爲中尉，拜御史大夫，後封汾陰侯。爲人強力敢直言，口吃。高祖欲廢太子，昌盛怒曰：臣期期以爲不可。後爲趙相，呂后酖殺趙王，昌以病謝官，三年而卒，諡悼。

趙堯，趙人。曾代周昌爲御史大夫。嘗侍高祖，高祖心不樂，悲歌，羣臣不知帝所以然，堯進問曰：陛下所爲不樂，非以趙王年少，戚夫人與呂后有隙，恐萬歲之後，趙王不能自全乎？陛下但爲趙王置彊相，爲呂后太子羣臣素所敬憚者，獨周昌乃可。高祖稱善，拜昌趙相，以堯爲御史大夫。

任敖，沛人。少爲獄吏，素善高祖，高祖東擊項羽，以爲上黨守。陳豨反，敖堅守，封爲廣阿侯。高后時爲御史大夫，卒諡懿。

申屠嘉，梁人。從高祖擊項羽，累官都尉，歷淮陽守。文帝時遷御史大夫，拜丞相，封故安侯。嘉爲人廉直，不受私謁，鄧通以幸臣戲殿上，嘉欲斬之，赦至乃免。景帝卽位，鼂錯用事，嘉惡之，錯穿宗廟垣，將奏誅之，錯恐，先自歸帝，及嘉請，帝曰：我使爲之，錯無罪。嘉恨爲所賣。至舍嘔血死，諡節。

贊曰：「張蒼文好律曆，爲漢名相，而專遵用秦之顓頊曆，何哉？周昌，木強人也。任敖以舊德用。申屠嘉可謂剛毅守節，然無術學，殆與蕭、曹、陳平異矣。」

酈陸朱劉叔孫傳第十三（酈食其　陸賈　朱建　劉敬　叔孫通）

酈食其，陳留高陽人。好讀書，家貧，初爲里監門。沛公略地陳留郊時，食其進謁，說以攻取陳留，號廣野君。此後，食其便遊說諸侯間，齊王田廣亦聽其言而撤除圍漢之兵，然韓信不服食其憑遊說而下齊七十餘城，乃夜襲齊，齊王誤食其賣己，遂烹食其。

陸賈，楚人。從高祖定天下，有口辯。高祖初定中國時，尉佗王南越，有叛逆之迹，高祖乃遣賈往說，佗終於服賈之言，高祖遂拜賈爲太中大夫。孝惠時，外戚當權，賈自度不能與爭，乃病免。時陳平亦患諸呂欲刼少主，後得賈之議，交歡太尉，遂誅呂氏，立孝文。

朱建，楚人。嘗爲淮南王相，後事英布，當布欲反漢時，建曾諫之，爲高祖所聞，乃賜建號平原君。爲人有口辯，刻廉剛直，行不苟合，義不取容。孝文時，淮南厲王殺辟陽侯，以黨諸呂故，孝文聞朱建爲其策，欲捕治，建聞之乃自剄。

劉敬，齊人，本姓婁。因說高祖都關中，爲高祖所賞識，乃賜姓劉氏，拜爲郎中，號奉春君。漢七年，高祖不採敬之言遂有陳平之圍，待解圍後，高祖感其灼見乃封敬爲關內侯，此後用劉敬之議，對匈奴採「和親納幣」之政策，漢遂得暫取相安太平局勢。

叔孫通，薛人。秦二世時，拜爲博士，後降漢王，拜通爲博士，號稷嗣君。後叔孫通采古禮與秦儀雖就之以迎高祖之意，上乃又拜通爲奉常。九年徙爲太子太傅，十二年，高祖欲以趙王如意易太子，然因通之諫乃作罷。

贊曰：「高祖以征伐定天下，而縉紳之徒騁其知辯，並成大業。語曰『廊廟之材非一木之枝，帝王之功非一士之略』，信哉！劉敬脫輓輅而建金城之安，叔孫通舍枹鼓而立一王之儀，遇其時也。酈生自匿監門，待主然後出，猶不免鼎鑊。朱建始名廉直，旣距辟陽，不終其節，亦以喪身。陸賈位止大夫，致仕諸呂，不受憂責，從容平、勃之間，附會將相以彊社稷，身名俱榮，其最優乎！」

淮南衡山濟北王傳第十四（劉長　劉安　劉賜　劉勃）

淮南王劉長，高祖第六子。子安襲父封，好讀書鼓琴，善爲文辭。武帝方好文藝，甚重之，詔使爲離騷傳，自旦受詔，日食時上，嘗招致賓客方士，作內書二十一篇，又有中篇八卷，言神仙黃白之術，安以內篇獻諸帝，帝愛秘之，卽今淮南子。元朔間，重賜几杖不朝，後有謀逆，事發，自殺。

衡山王劉賜，安之弟。文帝時本封廬江王，景帝時，因其地與越相接，故改徙衡山王，王江北。後圖謀反，事敗，自殺。

濟北王劉勃，亦爲安弟。孝文時封爲安陽侯，十六年封衡山王，景帝時徙爲濟北王。諡曰貞。

贊曰：「詩云：『戎狄是膺，荊舒是懲』，信哉是言也！淮南、衡山親爲骨肉，疆土千里，列在諸侯，不務遵蕃臣職，以丞輔天子，而專懷邪辟之計，謀爲叛逆，仍父子再亡國，各不終其身。此非獨王也，亦其俗薄，臣下漸靡使然。夫荆楚剽輕，好作亂，乃自古記之矣。」

蒯伍江息夫傳第十五（蒯通　伍被　江充　息夫躬）

蒯通，范陽人，本名徹，史家避武帝諱，追書曰通。楚漢時說士，有權變，武信君用其策，降燕趙三十餘城；韓信用其計，遂定齊地；曹參爲齊相，以爲上賓。通嘗論戰國說士權變，亦自序其說，凡八十一首，號曰雋永。

伍被，楚人，或言其先伍子胥後。以材能稱，爲淮南中郎。時淮南王安好術學，招致英雋以百數，被爲冠首。久之，淮南王陰有邪謀，被數微諫，王怒，繫被父母，囚之三月，被乃爲畫策，事覺伏誅。

江充，漢邯鄲人，字次倩，本名齊。以事得罪於趙太子，西逃入關，更名充。武帝見其狀貌魁岸，曰：「燕趙固多奇士。」拜爲直指繡衣使者，督三輔盜賊。與太子據有隙，會帝有疾，充乃誣太子以巫蠱術厭帝，遂興巫蠱之獄，太子矯詔誅之。

息夫躬字子微，河內河陽人。少爲博士弟子，受春秋。容貌壯麗。哀帝朝爲光祿大夫，封宜陵侯。數進見言事，論無所避。衆畏其口，見之側目。後免官以侯就國，寄居丘亭。人上書告躬懷怨祝詛，逮繫詔獄，欲掠問，躬仰天大呼，血從鼻耳出，死。

贊曰：「仲尼『惡利口之覆邦家』，蒯通一說而喪三儁，其得不亨者，幸也。伍被安於危國，身爲謀主，忠不終而詐讎，誅夷不亦宜乎！書放四罪，詩歌青蠅，春秋以來，禍敗多矣。昔子翬謀桓而魯隱危，欒書搆郤而晉厲弒。豎牛奔仲，叔孫卒；郈伯毀季，昭公逐；費忌納女，楚建走；宰嚭譖胥，夫差喪；李園進妹，春申斃；上官訴屈，懷王執；趙高敗斯，二世縊；伊戾坎盟，宋痤死；江充造蠱，太子殺；息夫作姦，東平誅。皆自小覆大，繇疎陷親，可不懼哉！可不懼哉！」

萬石衞直周張傳第十六　（石奮　衞綰　直不疑　周仁　張歐）

萬石君，石奮，本趙人。趙亡，徙溫。高祖時爲小吏。孝文時，官至太中大夫。無文學，恭謹，舉朝無比。景帝因其與四子皆二千石，故號萬石君。元朔五年卒。

衞綰，代大陵人。後爲郎，事文帝，因功遷中郎將，醇謹敦厚。景帝時爲丞相，曾以軍功封建陵侯。武帝時免之，後薨，謚曰哀侯。

直不疑，南陽人。爲郎，事文帝。景帝時拜爲御史大夫。吳楚反時，不疑擊之，因功封塞侯。學老子言。不好立名，稱爲長者。薨，謚曰信侯。

周仁，其先任城人。以醫見於天子。景帝時爲郎中令。仁爲人陰重不泄。常衣弊補衣溺袴，期爲不潔清，以是得幸，入臥內。武帝時歸老，子孫並爲大官。

張歐字叔，高祖功臣安丘侯說少子。孝文時以治刑名侍太子，其人長者。愛人至甚。老篤，請免，天子亦寵以上大夫祿，歸老于家。

贊曰：「仲尼有言『君子欲訥於言而敏於行』，其萬石君、建陵侯、塞侯、張叔之謂與？是以其敎不肅而成，不嚴而治。至石建之澣衣，周仁爲垢汙，君子譏之。」

文三王傳第十七（梁孝王武　代孝王參　梁懷王揖）

梁孝王劉武，漢文帝第二子，諡孝，初封代王，徙淮陽王，又徙梁王。子五人，並爲王。

代孝王劉參，文帝三子，初立爲太原王。後更爲代王併太原，都晉陽。

梁懷王劉揖，文帝少子，諡懷。好詩書，帝殊愛之。入朝時，落馬死。時賈誼爲其太傅。

贊曰：「梁孝王雖以愛親故王膏腴之地，然會漢家隆盛，百姓殷富，故能殖其貨財，廣其宮室車服。然亦僭矣。怙親亡厭，牛禍告罰，卒用憂死，悲夫！」

賈誼傳第十八

賈誼，雒陽人。爲一政論家和辭賦家，少以能誦詩書屬文稱於郡中。文帝立，因河南守吳公之薦，召爲博士。以其能，超遷至太中大夫。誼以爲漢興二十餘年，天下和洽，請改正朔，易服色，制法度，興禮樂。帝欲任爲公卿，周勃、灌嬰等忌而毀之。出爲長沙王太傅。渡湘水，爲賦以弔屈原，蓋以自況也。歲餘，遷梁懷王太傅，疏陳政事，頗得治體。梁王勝墜馬死，誼自傷爲傅無狀，後歲餘，亦死。賈生之死，年僅三十三，世稱賈長沙，亦稱賈太傅。重要著作除弔屈原賦外，尚有鵩鳥賦、論積貯疏、治安策、過秦論等。

贊曰：「劉向稱『賈誼言三代與秦治亂之意，其論甚美，通達國體，雖古之伊、管未能遠過也。使時見用，功化必盛。為庸臣所害，甚可悼痛。』追觀孝文玄默躬行以移風俗，誼之所陳略施行矣。及欲改定制度，以漢為土德，色上黃，數用五，及欲試屬國，施五餌三表以係單于，其術固以疏矣。誼以夭年早終，雖不至公卿，未為不遇也。凡所著述五十八篇，掇其切於世事者著于傳云。」

爰盎鼂錯傳第十九（爰盎　鼂錯）

爰盎（史記作袁盎），楚人，字絲。文帝時為郎中，忠耿正直。淮南王驕甚，盎奏請削地不聽。後淮南王以罪遷蜀，盎諫請勿遷，又不聽。後王死於道，帝悔，盎請封其三子，由此名重朝廷。以數直諫，不得久居中。調為隴西都尉。徙吳相，吳王厚遇之。盎素不好鼂錯，兩人不同坐，不共語。及景帝立，鼂錯為御史大夫，乃使吏案盎受吳王財物，免為庶人。吳楚反，帝召見盎，盎請斬錯以謝吳。帝拜盎為太常。後以事為梁王所怨，被刺死。

鼂錯，潁川人，鼂或作晁、朝。為人峭直刻深。學申、商刑名。文帝時為太常掌故，奉命受尚書於伏生，累遷太子家令，時號智囊。其上書言兵事，守邊備塞，勸農力本，當世急務等，皆慨然而談，義正辭嚴，深思遠謀，圖國之治，無不為忠君忠國之思。又賈誼已死，能對策者，以錯為高第。景帝時，遷御史大夫，以倡議削諸侯封地。吳楚等七國反，以討錯為名，帝用爰盎言，斬錯於東市以謝吳，而亂乃平。

贊曰：「爰盎雖不好學，亦善傅會，仁心爲質，引義慷慨。遭孝文初立，資適逢世。時已變易，及吳壹說，果於用辯，身亦不遂。鼂錯銳於爲國遠慮，而不見身害。其父睹之，經於溝瀆，亡益救敗，不如趙母指括，以全其宗。悲夫！錯雖不終，世哀其忠。故論其施行之語著於篇。」

張馮汲鄭傳第二十（張釋之　馮唐　汲黯　鄭當時）

張釋之，堵陽人，字季。文帝時，以貲爲騎郎。後爲公車令。太子與梁王共車入朝，不下司馬門，釋之追止，劾不敬。文帝奇之，拜中大夫。擢廷尉，守法嚴，持議平。雖權貴不能移，且善補皇帝過失，赤誠爲國。時人語曰：「張釋之爲廷尉，天下無冤民。」

馮唐，趙人。文帝時，爲郎中署長。時匈奴正爲邊患，帝欲得如廉頗、李牧者爲將，問於唐；唐言漢制賞輕罰重，雖得頗、牧，亦不能用；因言雲中守魏尚拒匈奴，斬首捕虜，上功幕府，而首府以所上首虜差六級，文吏遽繩以法，削其爵，賞未行而罰已至，帝說，令唐持節赦尚，拜爲車騎都尉。景帝朝，爲楚相。武帝立，以老休退。

汲黯字長孺，濮陽人。性倨傲，尚氣節。景帝時爲太子洗馬。武帝時遷東海太守，政尚清靜，邑稱大治。後召爲主爵都尉，直諫廷諍，舉朝肅然，帝稱爲社稷之臣。卒見憚於朝。出爲淮陽太守以終。

鄭當時字莊，陳人。好黃老言，任俠自喜，聲聞梁楚間。孝景時爲太子舍人。常置驛四郊，存問故人，惟恐不徧。武帝時爲大司農，客至無貴賤，皆執賓主之禮，以是山東之士翕然稱鄭莊。後坐事爲客所累，陷罪贖爲庶人。復起，官汝南太守。

贊曰：「張釋之之守法，馮唐之論將，汲黯之正直，鄭當時之推士，不如是，亦何以成名哉！揚子以爲孝文親詘帝尊以信亞夫之軍，曷爲不能用頗、牧？彼將有激云爾。」

賈鄒枚路傳第二十一（賈山、鄒陽、枚乘、路溫舒）

賈山，漢潁川人。涉獵書記，嘗給事潁陰侯爲騎。孝文帝時，上書言治亂之道借秦爲喻，名曰至言。其後又屢次上書言事，詞多激切，帝嘗據其章奏，令有司詰責，而終不加罰。

鄒陽，齊人。有智略，忼慨不苟合。初與嚴忌、枚乘等事吳王濞，皆以文辯著，濞有異志，陽上書諫不聽，乃與嚴忌、枚乘等去而之梁，事孝王，尋爲羊勝所譖，下獄將殺之，陽於獄中上書自諫，孝王立出之，復爲上客。

枚乘，淮陰人，字叔，善屬文。景帝時仕爲吳王濞郎中，濞怨望謀逆，乘諫不納，去而仕梁孝王，作七發以寫諷諫，孝王之客皆善辭賦，而乘尤高。武帝時年已老，以蒲輪徵之，病死道中。

路溫舒，鉅鹿人，字長君。少牧羊，常編蒲寫書。稍長，學律令，治春秋。宣帝初，上書言尚德緩刑，帝善之，遷廣陽私府長。內史擧其文學高第遷臨淮太守，治有異跡，卒於官。

贊曰：「春秋魯臧孫達以禮諫君，君子以爲有後。賈山自下劘上，鄒陽、枚乘游於危國，然卒免刑戮者，以其言正也。路溫舒辭順而意篤，遂爲世家，宜哉！」

竇田灌韓傳第二十二（竇嬰、田蚡、灌夫、韓安國）

竇嬰，字王孫，孝文皇后從兄子，觀津人也。孝文時爲吳相，孝景朝，爲詹事。吳楚反，拜大將軍，七國平，封爲魏其侯。尋爲栗太子傅，栗太子廢，嬰謝病，數月不出。武帝立，爲丞相，務隆推儒術，忤竇太后，以事坐免。後因營救灌夫事，棄市，史記有魏其侯列傳。

田蚡，孝景王皇后同母弟，長陵人。嬰盛時，爲諸曹郎，往來侍酒嬰所。孝景末年，始貴。武帝時，以舅封爲武安侯，拜太尉。竇太后崩，爲丞相，入奏事，所言皆聽，權移主上。後誣嬰及灌夫，二人竟致死，未幾，蚡亦病死。史記有武安侯列傳。

灌夫，字仲孺，潁陰人。本姓張，父孟爲灌嬰舍人，故蒙灌姓。吳楚反，嘗馳入吳軍，殺數十人還，以是聞名。武帝時爲淮陽太守，入爲太僕，從燕相，坐免。爲人剛直、任俠、好使酒，與丞相田蚡不善，終爲蚡所劾，嬰營救無效，竟至誅族。史記將其人附於魏其武安侯列傳。

韓安國，字長孺，梁成安人，後徙睢陽。事梁孝王，爲中大夫。吳楚反，扞吳兵於東界，名由此顯。武帝時累遷御史大夫。爲人多大略，所推舉皆廉士，後爲衞尉。明年，匈奴大入邊，爲材官將軍，屯漁陽，敗於匈奴，徙屯右北平，益見疏，忽忽不樂，歐血死。史記有韓長孺列傳。

贊曰：「竇嬰、田蚡皆以外戚重，灌夫用一時決策，而各名顯，並位卿相，大業定矣。然嬰不知時變，夫亡術而不遜，蚡負貴而驕溢。凶德參會，待時而發，藉福區區其間，惡能救斯敗哉！以韓安國之見器，臨其摯而顚墜，陵夷以憂死，遇合有命，悲夫！若王恢爲兵首而受其咎，豈命也乎？」

景十三王傳第二十三（臨江閔王劉榮　河間獻王劉德　臨江哀王劉閼　魯共王劉餘　江都易王劉非　膠西于王劉端　趙敬肅王劉彭祖　中山靖王劉勝　長沙定王劉發　廣川惠王劉越　膠東康王劉寄　清河哀王劉乘　常山憲王劉舜）

河間獻王德，二年立，修學好古，實事求是。從民得善書，必爲好寫與之，留其眞，加金帛賜以招之。由是四方道術之人不遠千里，或有先祖舊書，多奉以奏獻王者，故得書多，與漢朝等。獻王所得書皆古文先秦舊書，周官、尚書、禮經、禮記、孟子、老子之屬，皆經傳說記，七十子之徒所論。其學舉六藝，立毛氏詩、左氏春秋博士。修禮樂，被服儒術，造次必於儒者，山東諸儒，多從而遊。

臨江哀王閼，二年立，三年薨，無子，國除。

臨江閔王榮，七年立，坐侵廟壖地爲宮，自殺，無後。

魯共王餘，初立淮陽王，後才徙魯。共王好治宮室，壞孔子舊宅以廣其宮，聞鐘磬琴瑟之聲，於其壁中得古文經傳。

江都易王非，初立汝南王，後徙江都。

膠西于王端，景帝三年立，武帝元封三年薨，無後。

趙敬肅王彭祖，初立廣川王，後改徙趙。

中山靖王勝，景帝三年立，四十三年薨，子哀王昌嗣。

長沙定王發，景帝二年立，二十八年薨，子戴王庸嗣。

廣川惠王越，景中二年立，十三年薨，子繆王齊嗣。

膠東康王寄，景中二年立，二十八年薨，長子賢立爲膠東王，少子慶封爲六安王。

清河哀王乘，孝景中三年立，十二年薨，無子，國除。

常山憲王舜，孝景中五年立，三十三年薨，子勃嗣爲王。

贊曰：「昔魯哀公有言：『寡人生於深宮之中，長於婦人之手，未嘗知憂，未嘗知懼。』信哉斯言也！雖欲不危亡，不可得已。是故古人以宴安爲鴆毒，亡德而富貴，謂之不幸。漢興，至于孝平，諸侯王以百數，率多驕淫失道。何則？沈溺放恣之中，居勢使然也。自凡人猶繫于習俗，而況哀公之倫乎！夫唯大雅，卓爾不群，河間獻王近之矣。」

李廣蘇建傳第二十四（李廣、李陵、蘇建、蘇武）

李廣，成紀人。文帝時從軍擊匈奴有功，爲武騎常侍。景帝立，擢將軍，歷守隴西、上谷、雁門、雲中、北地、代郡等地，與匈奴大小七十餘戰，多所斬獲，匈奴畏之，號爲飛將軍。武帝朝，守上郡，調守右北平。後從衞青擊匈奴，以失道，急責廣之幕府對簿，憤而自殺。廣猿臂善射，軍極簡易，行無部伍行陣，木擊刁斗以自慰，就善水草屯舍止，人人自便，士卒皆樂爲之用。惟命奇不得封侯，人皆惜之。

李陵，李廣之孫，帶五千步卒出擊匈奴，因敵衆，兵敗而降，武帝族陵，司馬遷爲之辯誣而得罪。

蘇建，杜陵人。以校尉從大將軍衞青擊匈奴，封平陸侯。後又從大將軍出定襄，失軍當斬，贖爲庶人。後又爲代郡太守，卒於官。有三子：嘉、武、賢。

蘇武，建之次子，字子卿。武帝時，以中郎將使匈奴，單于脅降，不屈，被幽，置大窖中，吃雪呑旃，徙北海，使牧羊，仍杖漢節，留十九年。昭帝與匈奴和親，乃還，拜典屬國。宣帝立，賜關內侯，圖形於麒麟閣。

贊曰：「李將軍恂恂如鄙人，口不能出辭，及死之日，天下知與不知皆爲流涕，彼其中心誠信於士大夫也。諺曰：『桃李不言，下自成蹊。』此言雖小，可以喩大。然三代之將，道家所忌，自廣至陵，遂亡其宗，哀哉！孔子稱『志士仁人，有殺身以成仁，無求生以害仁。』『使於四方，不辱君命。』蘇武有之矣。」

衞青霍去病傳第二十五

衞青字仲卿，漢平陽人。父鄭季，與平陽侯家妾衞媼通，生靑，冒姓衞。少時父使牧羊，嫡母之子皆奴畜之。有一鉗徒相之曰：「貴人也，官至封侯。」姊子夫得幸於武帝，以靑爲太中大夫。元光中，拜爲車騎將軍，擊匈奴，有功。取河南地置朔方郡，封長平侯。元朔中將三萬騎出高闕，擒右賢裨王等十餘人，拜爲大將軍。青凡七伐匈奴，威震異域。爲人仁善退讓。元封五年以大司馬卒，諡曰烈侯。

霍去病，漢平陽人，衞青姊少兒子也。善騎射，武帝時爲票姚校尉。元狩中遷票騎將軍。凡六出擊匈奴，斬折蘭、盧侯等王，降獲渾邪王、屯頭王，遠涉沙漠，封狼居胥山，登臨翰海。封冠軍侯。爲人少言不泄，勇於任事。元狩六年卒，諡曰景桓侯。

贊曰：「蘇建嘗說責『大將軍至尊重，而天下之賢士大夫無稱焉，願將軍觀古名將所招選者，勉之哉！』青謝曰：『自魏其、武安之厚賓客，天子常切齒。彼親待士大夫，招賢黜不肖者，人主之柄也。人臣奉法遵職而已，何與招士！』票騎亦方此意，爲將如此。」

董仲舒傳第二十六

董仲舒，廣川人也。少治春秋，孝景時爲博士。下帷講誦，弟子傳以久次相授業，或莫見其面。蓋三年不窺園，其精如此。進退容止，非禮不行，學士皆師尊之。武帝卽位，舉賢良文學之士前後百數，而仲舒以賢良對策焉。爲帝所重，尋以爲江都相，坐事廢爲中大夫。後因言災異下獄論死，尋獲詔赦，後爲膠西王相。未幾以病辭官回里，不問家人產業，以修學著書爲事，壽終於家。著有天人三策，可見其政治主張。

仲舒言治國，每本春秋災異之變，而推陰陽之所以錯行。仲舒在家，朝廷如有大議，使使者及廷尉張湯就其家問之，其對皆有明法。推明孔氏，抑黜百家，立學校之官，州郡舉茂材孝廉，皆自仲舒發之。仲舒所著，皆明經術之意，及上疏條敎，凡百二十三篇。而說春秋事得失，聞舉、玉杯，蕃（繁）露、竹林之屬復數十篇，十餘萬言，皆傳於後世。其學說據在春秋蕃露者考之。

贊曰：「劉向稱『董仲舒有王佐之材，雖伊呂亡以加，管晏之屬，伯者之佐，殆不及也。』至向子歆以爲『伊呂乃聖人之耦，王者不得則不興。』故顏淵死，孔子曰：『噫！天喪余。』唯此一人爲能當之，自宰我、子贛、子游、子夏不與焉。仲舒遭漢承秦滅學之後，六經離析，下帷發憤，潛心大業，今後學者有所統壹，爲群儒首，然考其師友淵源所漸，猶未及乎游夏，而曰管晏弗及，伊呂不加，過矣。至向曾孫龔，篤論君子也，以歆之言爲然。」

司馬相如傳第二十七上下

司馬相如，漢成都人，字長卿。景帝時爲武騎常侍，病免，客遊粱，旋歸蜀，過臨邛，以琴心挑卓王孫寡女文君，與俱歸成都，家徒四壁。又與文君返臨邛賣酒，卓王孫恥之，與僮僕百人，錢百萬，遂爲富人。武帝以狗監楊得意薦，召爲郎。通西南夷有功，尋拜孝文園令，病免，居茂陵。帝使取其書而相如已死，遺札言封禪事。相如工文詞，是前漢辭賦大家，所作子虛、上林、大人等賦，漢魏六朝人多倣之。

贊曰：「司馬遷稱『春秋推見至隱，易本隱以之顯，大雅言王公大人，而德逮黎庶，小雅譏小己之得失，其流及上。所言雖殊，其合德一也。相如雖多虛辭濫說，然要其歸引之於節儉，此亦詩之風諫何異？』揚雄以爲靡麗之賦，勸百而風一，猶騁鄭衞之聲，曲終而奏雅，不已戲乎！」

公孫弘卜式兒寬傳第二十八

公孫弘，薛人，字季齊，家貧，牧豕海上。年四十餘，乃學春秋雜說。武帝初以賢良爲博士，免歸。元光中有詔徵文學，弘對策擢第一，拜爲博士。元朔中爲丞相，封平津侯。開東閣以延士，每食止脫粟，帝賢之。然爲人意忌，外寬內深，凡與弘有隙者，雖陽與善，陰報其禍。殺主父偃，徙董仲舒於膠西，皆弘爲之也。

卜式，河南人。以牧羊致富。武帝時上書願輸家財半助邊防。召拜中郎，令牧羊上林。歲餘，羊肥息，帝善之，式曰：「治民亦猶是矣。惡者輒去，毋令敗群。」帝奇其言，拜緱氏令，後賜爵關內侯。元鼎中爲御史大夫，後貶爲太子太傅，以壽終。

兒寬，千乘人，溫良有廉知，善屬文。家貧賃作，帶經而鋤。曾與武帝語經學，上說之，從問尚書一篇。遷左內史，其治民，勸農業，務在得民心，擇用仁厚士，後拜御史大夫。

贊曰：「公孫弘、卜式、兒寬皆以鴻漸之翼困於燕爵，遠迹羊豕之間，非遇其時，焉能致此位乎？是時，漢興六十餘載，海內艾安，府庫充實，而四夷未賓，制度多闕。上方欲用文武，求之如弗及，始以蒲輪迎枚生，見主父而歎息。羣士慕嚮，異人並出。卜式拔於芻牧，弘羊擢於賈豎，衞青奮於奴僕，日磾出於降虜，斯亦曩時版築飯牛之朋已。漢之得人，於茲爲盛，儒雅則公孫弘、董仲舒、兒寬，篤行則石建、石慶，質直則汲黯、卜式，推賢則韓安國、鄭當時，定令則趙禹、張湯，文章則司馬遷、相如，滑稽則東方朔、枚皋，應對則嚴助、朱買臣，曆數則唐都、洛下閎，協律則李延年，運籌則桑弘羊，奉使則張騫、蘇武，將率則衞青、霍去病，受遺則霍光、金日磾，其餘不可勝紀。是以興造功業，制度遺文，後世莫及。孝宣承統，纂修洪業，亦講論六藝，招選茂異，而蕭望之、梁丘賀、夏侯勝、韋玄成、嚴彭祖、尹更始以儒術進，劉向、王褒以文章顯，將相則張安世、趙充國、魏相、丙吉、于定國、杜延年，治民則黃霸、王成、龔遂、鄭弘、召信臣、韓延壽、尹翁歸、趙廣漢、嚴延年、張敞之屬，皆有功迹見述於世。參其名臣，亦其次也。」

張湯傳第二十九

張湯，杜陵人也。父爲長安丞，父死，湯爲長安吏。武帝時，拜太中大夫，與趙禹共定諸律令。遷御史大夫，治獄務深文刻酷。後爲朱買臣等所構，自殺。子安世，封富平侯。

贊曰：「馮商稱張湯之先與留侯同祖，而司馬遷不言，故闕焉。漢興以來，侯者百數，保國持寵，未有若富平者也。湯雖酷烈，及身蒙咎，其推賢揚善，固宜有後。安世履道，滿而不溢。賀之陰德，亦有助云。」

杜周傳第三十

杜周，南陽杜衍人。爲張湯廷尉史，少言性情遲緩，而用法極爲深刻，其治大抵倣張湯，而善伺帝意。爲中丞十餘歲，後爲御史大夫。位列三公，少子延年，行寬厚。

贊曰：「張湯、杜周並起文墨小吏，致位三公，列於酷吏。而俱有良子，德器自過，爵位尊顯，繼世立朝，相與提衡，至於建武，杜氏爵乃獨絕。迹其福祚，元功儒林之後莫能及也。自謂唐杜苗裔，豈其然乎？及欽浮沈當世，好謀而成，以建始之初深陳女戒，終如其言，庶幾乎關雎之見微，非夫浮華博習之徒所能規也。業因勢而抵陒，稱朱博，毀師丹，愛憎之議可不畏哉！」

張騫李廣利傳第三十一

張騫，漢中城固人。以郎應募使月氏，爲匈奴所留，亡歸。以校尉從大將軍擊匈奴，知水草處，軍得以不乏，封博望侯。拜中郎將，出使烏孫致賜諭旨。分遣副使使大宛、康居、月氏、大夏，烏孫報謝，西北國始通於漢，還拜大行官，旋卒。諸後使往者，皆稱博望侯以爲信於外國。

李廣利，漢時人，武帝李夫人兄。太初初，率兵出西域，往大宛國貳師城取馬，敗大宛兵，立昧蔡爲大宛王而歸，進號爲貳師將軍，封海西侯。後復擊匈奴，兵敗而降，爲單于所殺。

贊曰：「禹本紀言河出昆侖，昆侖高二千五百里餘，日月所相避隱爲光明也。自張騫使大夏之後，窮河原，惡睹所謂昆侖者乎？故言九州山川，尚書近之矣。至禹本紀、山經所有，放哉！」

司馬遷傳第三十二

司馬遷，漢夏陽人，談子，字子長，生於龍門。武帝時仕爲郎中，奉使巴蜀，還爲太史令。天漢間，李陵降匈奴，而遷極言其忠，忤帝意，被腐刑下獄。太始初，出獄，爲中書令，卒。遷性好遊，嘗南遊江淮，上會稽，探禹穴，窺九疑，浮沅湘。北涉汶泗，歷齊魯，過梁楚以歸，所得山川浩瀚之氣，一以發爲文章。撰有史記一百三十篇，都五十二萬餘字，協六經異傳，齊百家雜語，以成一家之言。

贊曰：「自古書契之作而有史官，其載籍博矣。至孔氏纂之，上斷唐堯，下訖秦繆。唐虞以前雖有遺文，其語不經，故言黃帝、顓頊之事未可明也。及孔子因魯史記而作春秋，而左丘明論輯其本事以爲之傳，又纂異同爲國語。又有世本，錄黃帝以來至春秋時帝王公侯卿大夫祖世所出。春秋之後，七國並爭，秦兼諸侯，有戰國策。漢興伐秦定天下，有楚漢春秋。故司馬遷據左氏、國語，采世本、戰國策，述楚漢春秋，接其後事，訖于（天）漢。其言秦漢，詳矣。至於采經摭傳，分散數家之事，甚多疏略，或有抵梧。亦其涉獵者廣博，貫穿經傳，馳騁古今，上下數千載間，斯以勤矣。又其是非頗繆於聖人，論大道則先黃老而後六經，序游俠則退處士而進姦雄，述貨殖則崇勢利而羞賤貧，此其所蔽也。然自劉向、揚雄博極羣書，皆稱遷有良史之材，服其善序事理，辨而不華，質而不俚，其文直，其事核，不虛美，不隱惡，故謂之實錄。烏呼！以遷之博物洽聞，而不能以知自全，既陷極刑，幽而發憤，書亦信矣。迹其所以自傷悼，小雅巷伯之倫。夫唯大雅『既明且哲，能保其身』，難矣哉！」

武五子傳第三十三（戾太子劉據、齊懷王劉閎、燕刺王劉旦、廣陵厲王劉胥、昌邑哀王劉髆）

戾太子據，武帝長子。元狩初立爲太子。少受詔習春秋，通賓客。江充用事，據與有隙，充恐見誅，以巫蠱事誣據，據舉兵斬充，旋亡抵湖，匿泉鳩里，帝下吏搜捕，據自經死。後帝知據寃，作思子宮，爲歸來望思之臺於湖。後據孫病已嗣立，追謚戾，史稱戾太子。

齊懷王閎，漢武帝三子，立爲齊王。其母王夫人有寵。閎尤愛幸。卒謚懷。

燕刺王旦，漢武帝四子，封燕王。爲人辯略，博涉經書雜說，好星曆數術倡優射獵之事，招致游士。昭帝立，上官桀等私與燕交通，謀殺霍光，廢帝，迎立燕王，謀洩，桀等伏誅，旦自殺，賜謚刺。

廣陵厲王胥，漢武帝五子，立爲廣陵王。壯大好倡樂逸遊，力扛鼎，空手搏熊彘猛獸。動作無法度，以不得爲漢嗣。迎女巫李女須，使下神祝詛。宣帝時事發，以綬自絞死。謚厲。

昌邑哀王髆，漢武帝六子，立爲昌邑王，卒謚哀。

贊曰：「巫蠱之禍，豈不哀哉！此不唯一江充之辜，亦有天時，非人力所致焉。建元六年，蚩尤之旗見，其長竟天。後遂命將出征，略取河南，建置朔方。其春，戾太子生。自是之後，師行三十年，兵所誅屠夷滅死者不可勝數。及巫蠱事起，京師流血，僵尸數萬，太子子父皆敗。故太子生長於兵，與之終始，何獨一嬖臣哉！秦始皇即位三十九年，內平六國，外攘四夷，死人如亂麻，暴骨長城之下，頭盧相屬於道，不一日而無兵。由是山東之難興，四方潰而逆秦。秦將吏外畔，賊臣內發，亂作蕭牆，禍成二世。故曰『兵猶火也，弗戢必自焚』，信矣。是以倉頡作書，『止』『戈』爲武。聖人以武禁暴整亂，止息干戈，非以爲殘而興縱之也。易曰：『天之所助者順也，人之所助者信也；君子履信思順，自天祐之，吉無不利也。』故車千秋指明蠱情，章太子之寃。千秋材知未必能過人也，以其銷惡運，遏亂原，因衰激極，道迎善氣，傳得天人之祐助云。」

嚴朱吾丘主父徐嚴終王賈傳第三十四上下

（嚴助、朱買臣、吾丘壽王、主父偃、徐樂、嚴安、終軍、王褒、賈捐之）

嚴助，會稽吳人。郡舉賢良對策，武帝擢爲中大夫，令助等與大臣辯論，中外相應以義理之文，大臣數詘。建元中拜會稽太守。淮南王安來朝，厚賂遺助，交私論議，及安反，事相連，坐誅。

朱買臣，會稽吳人，字翁子。善辭賦，家貧，賣薪自給，行歌誦書，妻羞之，求去，買臣曰：「我年五十當富貴，今已四十餘矣，待我富貴，報汝功。」妻不從，聽去，適田夫。武帝時嚴助薦買臣，拜會稽太守，乘傳入吳，見故妻與夫治道迎官，買臣命後車載其夫婦舍園中，給食一月，婦慙而縊。買臣後爲丞相長史，張湯行丞相事，陵折之，買臣怨，告湯陰事，湯自殺，帝亦誅買臣。

吾丘壽王，趙人，字子贛。從董仲舒受春秋，高材通明。遷侍中中郎，爲光祿大夫侍中。丞相公孫弘請禁民不得挾弓弩，帝下其議，壽王對善，帝以難弘，弘屈服焉。

主父偃，臨菑人。初學縱橫術，晚乃學易、春秋、百家之言。元光時上書言事，拜郎中，一歲四遷爲中大夫。大臣畏其口，賂遺累千金。或說偃太橫，偃曰：「丈夫生不五鼎食，死卽五鼎烹耳！吾日暮，故倒行逆施之。」後以告齊王與姊奸事，族誅。

徐樂，無終人。武帝時與主父偃、嚴安俱上書，帝召見謂曰：「公皆安在？何相見之晚也！」卽拜樂爲郎中，給事左右。

嚴安，臨菑人。武帝朝，以故丞相史上書，陳擊匈奴之非利，帝召見，問曰：「公皆安在？何相見之晚也！」拜郎中。

終軍，濟南人，字子雲。博辯能文，武帝朝年十八，至長安上書言事，拜謁者給事中。初，軍入關，關吏與繻爲信，棄繻去，後爲謁者奉使，建節東出關，關吏識之，曰：「此前棄繻生也。」累擢諫大夫，使南越，請受長纓，必羈南越王頸，致之闕下。旋卒，年二十餘，世謂之終童。

王褒，蜀人，字子淵，爲蜀地辭賦家。宣帝時益州刺史王襄薦褒有逸才，應詔作聖主得賢臣頌稱旨，與張子僑並待詔，所幸宮館，輒爲歌頌，議者多以爲淫靡。頃之，擢諫大夫，方士言益州有金馬碧雞之寶，遣褒祀之，道卒。

賈捐之，賈誼曾孫，字君房。元帝時上疏言得失，召待詔金馬門。珠厓反，議大發軍，捐之以爲不當擊，由是罷珠厓。數召見，言多納用，數短石顯，以故不得官，後稀復見，卽與長安令楊興共爲薦顯奏，顯知白之，遂下獄棄市。

贊曰：「詩稱『戎狄是膺，荊舒是懲』，久矣其爲諸夏患也。漢興，征伐胡越，於是爲盛。究觀淮南、捐之、主父、嚴安之義，深切著明，故備論其語。世稱公孫弘排主父，張湯陷嚴助，石顯譖捐之，察其行迹，主父求欲鼎亨而得族，嚴、賈出入禁門招權利，死皆其所也，亦何排陷之恨哉！」

東方朔傳第三十五

東方朔字曼倩，平原厭次人。長於文辭，喜詼諧滑稽。武帝時，累官侍中，時以滑稽之談，寓諷諫之意，帝常爲所感悟。後上書陳農戰強國之計，不見用，因著答客難以自見，揚雄班固以下多倣之。又著非有先生論，勸王要崇儉、近德、遠佞。

贊曰：「劉向言少時數問長老賢人通於事及朔時者，皆曰朔口諧倡辯，不能持論，喜爲庸人誦說，故令後世多傳聞者。而揚雄亦以爲朔言不純師，行不純德，其流風遺書蔑如也。然朔名過實者，以其詼達多端，不名一行，應諧似優，不窮似智，正諫似直，穢德似隱。非夷齊而是柳下惠，戒其子以上容：『首陽為拙，柱下爲工；飽食安步，以仕易農；依隱玩世，詭時不逢』。其滑稽之雄乎！朔之詼諧，逢占射覆，其事浮淺，行於衆庶，童兒牧豎莫不眩燿。而後世好事者因取奇言怪語附著之朔，故詳錄焉。」

公孫劉田王楊蔡陳鄭傳第三十六（公孫賀、劉屈氂、車千秋、王訢、楊敞、蔡義、陳萬年、鄭弘）

公孫賀，北地義渠人，字子叔。少爲騎士，武帝卽位，遷至太僕。後以車騎將軍從大將軍衞青出戰有功，封南窌侯。後八歲，遂代石慶爲丞相。坐事死獄中。

劉屈氂，漢武帝庶兄中山靖王勝子。征和間爲左丞相，封澎侯。戾太子爲江充所譖，發兵入丞相府，屈氂挺身逃。後治巫蠱獄急，郭穰告丞相夫人祝詛主上，欲令昌邑王爲帝，詔要斬屈氂東市。

車千秋，本姓田氏，其先齊諸田，徙長陵。千秋爲高寢郎，會衞太子爲江充所譖敗，千秋訟太子寃。武帝感悟，拜爲大鴻臚，數月遂爲丞相，封富民侯。千秋謹厚有重德，昭帝時以老年朝見，得乘小車入宮殿中，因號車丞相。子孫因氏焉，卒諡定。

王訢，濟南人。爲被陽令，繡衣御史暴勝之過被陽，欲斬訢，訢已伏質，仰言曰：使君專殺生之柄，威震郡國，今復斬一訢，不足以增威，不如時有所寬，以明恩貸，令盡死力。勝之壯其言，還薦之，徵爲右輔都尉。後官至丞相，封宜春侯。卒諡敬。

楊敞，喜曾孫。初爲霍光軍司馬，光愛厚之。後遷御史大夫，拜丞相，封安平侯。與光共廢昌邑王，立宣帝。卒諡敬。

蔡義，溫人。以明經給事大將軍衞青幕府。昭帝詔求能爲韓詩者，徵義待詔。及召見說詩，悅之，擢光祿大夫，給事中，後爲丞相，封陽平侯。卒諡節。（按漢書本傳標蔡義。霍光傳儒林傳均作蔡誼）。

陳萬年，相人。起郡吏，累官右扶風，遷太僕。性廉平，內行修，然善事人，賂外戚，傾家自盡。丙吉薦於宣帝，後至御史大夫卒。

鄭弘，鄭昌弟，字穉卿。好學明經，通法律政事，與兄齊名。為南陽太守，遷淮陽相，以高第入為右扶風，京師稱之。後為御史大夫，坐與京房論議免歸。

贊曰：「所謂鹽鐵議者，起始元中，徵文學賢良問以治亂，皆對願罷郡國鹽鐵酒榷均輸，務本抑末，毋與天下爭利，然後教化可興。御史大夫弘羊以為此乃所以安邊竟，制四夷，國家大業，不可廢也。當時相詰難，頗有其議文。至宣帝時，汝南桓寬次公治公羊春秋，舉為郎，至廬江太守丞，博通善屬文，推衍鹽鐵之議，增廣條目，極其論難，著數萬言，亦欲以究治亂，成一家之法焉。其辭曰：觀公卿賢良文學之議，『異乎吾所聞』。聞汝南朱生言，當此之時，英俊並進，賢良茂陵唐生、文學魯國萬生之徒六十有餘人咸聚闕庭，舒六藝之風，陳治平之原，知者贊其慮，仁者明其施，勇者見其斷，辯者騁其辭，齗齗焉，行行焉，雖未詳備，斯可略觀矣。中山劉子推言王道，撟當世，反諸正，彬彬然弘博君子也。九江祝生奮史魚之節，發憤懣，譏公卿，介然直而不撓，可謂不畏彊圉矣。桑大夫據當世，合時變，上權利之略，雖非正法，鉅儒宿學不能自解，博物通達之士也。然攝公卿之柄，不師古始，放於末利，處非其位，行非其道，果隕其性，以及厥宗。車丞相履伊呂之列，當軸處中，括囊不言，容身而去，彼哉！彼哉！若夫丞相、御史兩府之士，不能正議以輔宰相，成同類，長同行，阿意苟合，以說其上，『斗筲之徒，何足選也！』」

楊胡朱梅云傳第三十七（楊王孫、胡建、朱雲、梅福、云敞）

楊王孫，城固人。治黃老術，家業千金，厚自奉養，及病且死，先令其子，曰：「吾欲裸葬，以返吾眞。」其子往告王孫之友祁侯，祁侯與王孫書勸之。王孫報書，具言厚葬之無益。祁侯曰善，遂裸葬。

胡建，河東人，字子孟。孝武時守軍正丞，時監軍御史爲姦，穿北軍壘垣以爲賈區，建誅之，由是顯名，後爲渭城令，治甚有聲。値昭帝幼，皇后父上官將軍安與帝姊蓋主私夫丁外人善，外人怨故京兆尹樊福，使客射殺之，客藏蓋主廬，建將吏卒圍捕，蓋主上書告建侵辱，上官氏捕建，建自殺。渭城人稱寃，立祠祀之。

朱雲，平陵人，字游。少輕俠，年四十，折節從師。受易論語，能傳其業。元帝時少府五鹿充宗貴幸，爲梁丘易，雲與之論難，連拄五鹿君。諸儒語曰：五鹿嶽嶽，朱雲折其角。成帝時爲槐里令，上書願借尙方劍，斬佞臣張禹。帝怒，欲斬之。御史將雲下，雲攀折殿檻呼曰：臣得從龍逢、比干游地下，足矣！帝赦之。命勿易檻，以旌直臣。

梅福，壽春人，字子眞。少學長安，明尙書穀梁春秋，爲郡文學，補南昌尉，後棄官家居。成哀之世，數上書言事。元始中王莽顓政，福一朝棄妻子去之九江，傳以爲仙。其後有見福於會稽者，變姓名爲吳市門卒云。

云敞，平陵人，字幼孺。師事同縣吳章，章治尙書爲博士。王莽秉政，莽長子宇與章謀，夜以血塗莽第門，若鬼神之戒，冀以懼莽。事覺，章坐腰斬，弟子千餘皆錮禁不得仕。敞時爲大司徒掾，自劾吳章弟子，收章屍葬之。官至中郎諫大夫。

贊曰：「昔仲尼稱不得中行，則思狂狷。觀楊王孫之志，賢於秦始皇遠矣。世稱朱雲多過其實，故曰『蓋有不知而作之者，我亡是也。』胡建臨敵敢斷，武昭於外。斬伐姦隙，軍旅不隊。梅福之辭，合於大雅雖無老成，尚有典型；殷鑒不遠，夏后所聞。遂從所好，全性市門。云敞之義，著於吳章，爲仁由己，再入大府，清則濯纓，何遠之有？」

霍光金日磾傳第三十八

霍光，平陽人，去病弟，字子孟。武帝時，爲奉常都尉，甚見親信。帝崩，受遺詔與金日磾等輔昭帝，拜大司馬，爲大將軍，封博陸侯。帝幼，政事一決於光，昭帝崩，迎立昌邑王賀，以淫亂廢之；迎立宣帝，仍秉政。地節間卒，諡宣成。光資性端正，沈靜詳審，秉政二十年，未嘗有過；惟權傾內外，族黨滿朝，屢行廢立，威震人主既卒，宣帝親政，收霍氏兵權，遂以謀反夷族。當宣帝始立，謁見高廟，光從驂乘，帝嚴憚之，若芒刺在背；及光死而宗族竟誅，故俗傳之曰：「威震主者，不畜；霍氏之禍萌於驂乘。」甘露間，帝思前功，圖形麒麟閣。

金日磾，漢匈奴休屠王太子，字翁叔。武帝初，歸漢初爲馬監，累官侍中。容貌嚴肅，侍帝數十年，篤愼無過失，甚見親重，因休屠作金人爲祭天主，故賜姓金，拜車騎將軍。莽何羅謀反，日磾擒斬之，封秺侯。帝崩，日磾與霍光同受遺詔輔政，卒諡敬。

贊曰：「霍光以結髮內侍，起於階闥之間，確然秉志，誼形於主。受襁褓之託，任漢室之寄，當廟堂，擁幼君，摧燕王，仆上官，因權制敵，以成其忠。處廢置之際，臨大節而不可奪，遂匡國家，安社稷。擁昭立宣，光爲師保，雖周公、阿衡，何以加此！然光不學亡術，闇於大理，陰妻邪謀，立女爲后，湛溺盈溢之欲，以增顚覆之禍，死財三年，宗族誅夷，哀哉！昔霍叔封於晉，晉卽河東，光豈其苗裔乎？金日磾夷狄亡國，羈虜漢庭，而以篤敬寤主，忠信自著，勒功上將，傳國後嗣，世名忠孝，七世內侍，何其盛也！本以休屠作金人爲祭天主，故因賜姓金氏云。」

趙充國辛慶忌傳第三十九

趙充國，隴西上邽人，字翁孫，後徙金城令居。以郡良家子善騎射補羽林，好兵法，有謀略，通知四夷事。武帝時，以假司馬從貳師將軍擊匈奴有功，拜爲中郎將。又擊定武都氐，遷水衡都尉，擢後將軍。宣帝初，以定册功封營平侯。西羌叛，充國時年七十餘，受詔至金城，圖上方略，因招降罕升，擊破先零，復奏陳屯田十二便，爲儲糧剕敵計，寓兵於農，尤爲後人所宗。卒年八十六，諡壯。甘露中與霍光等列畫未央宮。成帝時，西羌嘗有警，上追美充國，召揚雄，卽充國圖畫而頌之。

辛慶忌，狄道人，字子眞。少以父任爲右校丞，屯田烏孫赤谷城，有戰功。元帝初擧茂材遷郎中車騎將軍，朝廷多重之，遷張掖太守，徙酒泉，所在著名。成帝時，大將軍王鳳薦爲光祿大夫，坐法左遷，旋復徵爲光祿勳，後拜左將軍。朱雲以張禹阿附王氏，請誅之，帝怒，欲誅雲，慶忌免冠，解綬叩頭救之，雲得免，帝怒。慶忌居處儉敬，正直仁勇，爲國虎臣，匈奴、西域咸敬其威信。年老卒官。

贊曰：「秦漢已來，山東出相，山西出將。秦將軍白起，郿人；王翦，頻陽人。漢興，郁郅王圍、甘延壽，義渠公孫賀、傅介子，成紀李廣、李蔡，杜陵蘇建、蘇武，上邽上官桀、趙充國，襄武廉褒，狄道辛武賢、慶忌，皆以勇武顯聞。蘇、辛父子著節，此其可稱列者也，其餘不可勝數。何則？山西天水、隴西、安定、北地處勢迫近羌胡，民俗修習戰備，高上勇力鞍馬騎射。故秦詩曰：『王于興師，修我甲兵，與子皆行。』其風聲氣俗自古而然，今之歌謠慷慨，風流猶存耳。」

傅常鄭甘陳段傳第四十（傅介子、常惠、鄭吉、甘延壽、陳湯、段會宗）

傅介子，義渠人。年四十，好學書，嘗棄觚而嘆曰：「大丈夫當立功絕域，何能坐事散儒。」遂從軍。昭帝時以駿馬監使大宛，詔令責樓蘭、龜茲，皆服罪，因誅匈奴使者遣拜中郎，遷平樂監。介子謂樓蘭、龜茲數反復而不誅，無所懲艾，願往刺之，乃至樓蘭，持王首詣闕，封義陽侯。

常惠，太原人。武帝時隨蘇武使匈奴，拘留十餘年始還，昭帝命拜光祿大夫。本始間為校尉，持節護烏孫兵擊匈奴，還封長羅侯，後代蘇武為典屬國，明習外國事，勤勞數有功，甘露中為右將軍。卒諡壯武。

鄭吉，會稽人，以卒伍從軍為郎，數出西域，習外國事。宣帝時攻破車師，降日逐，威震西域，累官衛司馬，為西域都護，都護之置自吉始。以功封安遠侯。漢之號令班西域，始自張騫而成於吉。卒諡繆。

甘延壽，北地郁郅人，字君況。少以良家子善騎射，爲羽林期門，以材力被愛幸。稍遷至遼東太守，免官。許嘉薦爲郎中諫大夫，使西域，與副校尉陳湯共斬郅支單于，封義成侯。卒諡壯。

陳湯，瑕丘人，字子公。少好書，博達善屬文。元帝時以薦爲郎，遷西域副校尉。湯多策謀，喜奇功，既使外國。矯制發兵斬郅支單于，論功賜爵關內侯。成帝時王鳳奏爲從事中郎，以賄徙邊，還長安卒。追諡壯。

段會宗，上邽人，字子松。竟寧、陽朔中兩爲西域都護，西域敬其威信。定烏孫亂，率精兵三千人徑入，手劍擊殺末振將之子番丘，威震絕域，賜爵關內侯。病死烏孫中，諸國爲發喪立祠。

贊曰：「自元狩之際，張騫始通西域，至于地節，鄭吉建都護之號，訖王莽世，凡十八人，皆以勇略選，然其有功迹者具此。廉褒以恩信稱，郭舜以廉平著，孫建用威重顯，其餘無稱焉。陳湯儻募，不自收斂，卒用困窮，議者閔之，故備列云。」

雋疏于薛平彭傳第四十一（雋不疑、疏廣、于定國、薛廣德、平當、彭宣）

雋不疑，字曼倩，渤海人。治春秋爲郡文學，進退必以禮。武帝末徵拜爲青州刺史，爲吏方正，嚴而不殘。昭帝嘉其能用經術，明於大誼。

疏廣，字仲翁，東海、蘭陵人。少好學，明春秋，徵爲博士太中大夫，後徙爲太傅，其兄子受亦拜爲少傅。在位五年，以宦成名立，自引退歸老。

于定國，東海郯人。承父職爲縣獄史，學春秋，重經術士，雖卑賤徒步過訪者，皆與鈞禮。薛廣德、字長卿，沛郡相人。以魯詩教授楚國，爲人溫雅，有醞藉。及爲三公，直言諫爭。平當、字子思。以明經爲博士，後以經明禹貢，使行河，爲騎都尉，領河隄。彭宣、字子佩。事張禹受易。禹受易於施讎，由是施家有張彭之學。禹薦宣明經博古，有威重，可任政事。

贊曰：「雋不疑學以從政，臨事不惑，遂立名迹，終始可述。疏廣行止足之計，免辱殆之絫，亦其次也。于定國父子哀鰥哲獄，爲任職臣。薛廣德保縣車之榮，平當逡遁有恥。彭宣見險而止，異乎『苟患失之』者矣。」

王貢兩龔鮑傳第四十二（王吉、貢禹、龔舍、龔勝、鮑宣。）

王吉、字子陽，琅邪皐虞人。少學明經，以郡吏舉孝廉爲郎。兼通五經，能爲騶氏春秋，以詩、論語教授，好梁丘賀說易。

貢禹、字少翁，琅邪人。以明經絜行著聞，徵爲博士，涼州刺史。帝稱其有伯夷之廉，史魚之直。禹嘗與王吉相友善，世稱王陽在位。

兩龔、舍字君倩，通五經，以魯詩教授，勝字君賓，一爲郡吏，三舉孝廉。兩龔皆楚人，二人相交，並著名節，世謂之楚兩龔，少皆好學明經，勝爲郡吏，舍不仕。

鮑宣、字子都。好學明經，爲縣鄉嗇夫，守束州丞。留居位，常上書諫爭，其言少文多實。自言其明鈍於辭，不勝惓惓，盡死節而已。

贊曰：「易稱『君子之道，或出或處，或默或語。』言其各得道之一節，譬諸草木，區以別矣。故曰山林之士往而不能反，朝廷之士入而不能出，二者各有所短。春秋列國卿大夫及至漢興將相名臣，懷祿耽寵以失其世者多矣！是故清節之士於是爲貴。然大率多能自治而不能治人。王、貢之材，優於龔、鮑。守死善道，勝實蹈焉。貞而不諒，薛方近之。郭欽、蔣詡好遯不汙，絕紀、唐矣！」

韋賢傳第四十三

韋賢，鄒人，字長孺。質朴篤學，以詩敎授，兼通禮、尚書，號稱鄒魯大儒。徵爲博士，給事中，授昭帝詩。本始間以少府代蔡義爲丞相，封扶陽侯，在位五年乞休。卒諡節。

贊曰：「司徒掾班彪曰：「漢承亡秦絕學之後，祖宗之制因時施宜。自元、成後學者蕃滋，貢禹毀宗廟，匡衡改郊兆，何武定三公，後皆數復，故紛紛不定。何者？禮文缺微，古今異制，各爲一家，未易可偏定也。考觀諸儒之議，劉歆博而篤矣。」

魏相丙吉傳第四十四

魏相，定陶人，字弱翁。少學易，爲郡卒史，舉賢良，以對策高第爲茂陵令。宣帝時累官御史大夫。霍光卒，相請損奪霍氏權，以全功臣之世，又請上書者去副封以防壅蔽。韋賢免，代爲丞相，宣帝始親萬機，勵精爲治數上便宜，皆納用焉，封高平侯，卒諡憲。

丙吉，漢朝魯國人，字少卿，爲廷尉監。宣帝生數月，以衞太子事繫獄，賴吉得生，封博陽侯，代魏相爲丞相。爲人深厚，不伐善，爲官掩過揚善，世稱其賢，卒諡定。（按史記作邴吉。）

贊曰：「古之制名，必由象類，遠取諸物，近取諸身。故經謂君爲元首，臣爲股肱，明其一體，相待而成也。是故君臣相配，古今常道，自然之勢也。近觀漢相，高祖開基，蕭、曹爲冠，孝宣中興，丙、魏有聲。是時黜陟有序，衆職修理，公卿多稱其位，海內興於禮讓。覽其行事，豈虛虖哉！」

眭兩夏侯京翼李傳第四十五（眭弘、夏侯始昌、夏侯勝、京房、翼奉、李尋）

眭弘，魯國蕃人，字孟，一稱眭孟。少好游俠，長乃變節，從嬴公受公羊春秋。以明經爲議郎，遷符節令。元鳳中泰山大石自立，上林苑僵柳復起，弘推春秋意，以爲當有從匹夫爲天子者。霍光惡之，坐妖言惑衆，大逆不道，誅。後宣帝興於民間，徵弘子爲郎。

夏侯始昌，魯人。通五經，以齊詩尚書教授。自董仲舒、韓嬰死後，武帝得始昌，甚重之。始昌明於陰陽，先言柏梁臺災日，至期日果災。時昌邑王以少子愛，上爲選師，始昌爲太傅。年老以壽終。

夏侯勝，夏侯始昌族子，字長公。少孤好學，從始昌受尚書及洪範五行傳，又從歐陽氏學。善說禮，徵爲博士、光祿大夫。宣帝時以議武帝諡，同黃霸下獄，霸從勝受經，赦出，累遷太子太傅。受詔撰尚書論語說，年九十卒。

京房，頓丘人，字君明，本姓李，推律自定爲京氏。治易，事梁人焦延壽。其說長於災變，好鍾律，知音聲，以孝廉爲郎。永光建昭間數上疏，所言屢中。石顯、五鹿充宗疾之，出爲魏太守，後爲顯所譖，下獄死。有京氏易傳。

翼奉，字少君，東海下邳人。治齊詩，惇學不仕，好律曆陰陽之占。元帝初即位，諸儒薦之，徵待詔宦者署，數言事宴見，天子敬焉。奉以中郎爲博士、諫大夫，年老以壽終。子及孫，皆以學在儒官。

李尋，字子長，平陵人。治尚書，好洪範災異，又學天文月令陰陽。事丞相翟方進，帝舅曲陽侯王根爲大司馬票騎將軍，厚遇尋。是時多災異，根輔政，數虛己問尋。尋見漢家有中衰之象，其意以爲且有洪水爲災，乃說根，根於是薦尋。哀帝初即位，召尋待詔黃門，後又拜尋爲騎都尉，使護河隄。哀帝久寢疾，幾其有益，遂從賀良等議。賀良等奏言大臣皆不知天命，宜退丞相御史，以解光、李尋輔政。上以其言亡驗，遂下賀良等吏，賀良等皆伏誅，尋及解光減死一等，徙敦煌郡。

贊曰：「幽贊神明，通合天人之道者，莫著乎易、春秋。然子贛猶云『夫子之文章可得而聞，夫子之言性與天道不可得而聞』已矣。漢興推陰陽言災異者，孝武時有董仲舒、夏侯始昌，昭、宣則眭孟、夏侯勝，元、成則京房、翼奉、劉向、谷永，哀、平則李尋、田終術。此其納說時君著明者也。察其所言，仿佛一端。假經設誼，依託象類，或不免乎『億則屢中』。仲舒下吏，夏侯囚執，眭孟誅戮，李尋流放，此學者之大戒也。京房區區，不量淺深，危言刺譏，構怨彊臣，罪辜不旋踵，亦不密以失身，悲夫！」

趙尹韓張兩王傳第四十六（趙廣漢　尹翁歸　韓延壽　張敞　王尊　王章）

趙廣漢，蠡吾人，字子都。宣帝時爲京兆尹，發奸擿伏如神，名聞匈奴。及坐法，吏民守闕號泣者數萬，曰，臣生無益縣官，願代趙京兆死。廣漢竟坐要斬。

尹翁歸，平陽人，字子兄。宣帝時爲東海太守，收取黠吏豪民，案致其罪，東海大治。入守右扶風，京師畏其威嚴。爲人清潔自守，卒時家無餘財。

韓延壽，燕人，字長公。父義爲燕刺王郎中，以諫死，燕人憫之。昭帝時魏相言宜賞其子，遂擢延壽爲諫大夫，遷淮陽太守，徙潁州，又徙東郡。爲吏尚禮義，好古教化，所至必聘其賢士，以禮待用，廣謀議，納諫諍。在東郡三歲，治行爲天下最。入守左馮翊，爲蕭望之所劾，坐棄市，吏民莫不流涕。

張敞，平陽人，字子高。宣帝時爲太僕，以切諫得名。遷膠東相，捕斬羣盜，吏民歙然。後爲京兆尹，朝廷大事，每多議處。然無威儀，嘗因爲婦畫眉，而被有司所奏。上愛其能，弗備責也。後以事免歸。不數月，京師盜賊數起，冀州亦有大賊。復起爲冀州刺史，捕盜廣川王宮中，羣盜乃戢。元帝立，欲以爲左馮翊。會病卒。

王尊，高陽人。爲守相，以剛直著聞。能史書，治尚書、論語，略通大義。嘗爲益州刺史。先是琅邪王陽爲刺史，世稱王陽爲孝子，王尊爲忠臣。後爲京兆尹，遷東郡太守，卒於官。

王章，鉅平人，字仲卿。少有文學。家貧，嘗病臥牛衣中，泣與妻訣，妻曰：「京師尊貴，誰踰仲卿者？今値病厄，不自激昂，乃反涕泣，何鄙也！」後入仕，授諫大夫，剛直敢言。元帝初，毀石顯，免官。成帝立，王鳳擧之，官京兆尹，而不附鳳。因日食，奏彈鳳，妻止之曰：「人當知足，獨不念牛衣涕泣時耶？」章不聽，彈章上，繫獄而死。

贊曰：「自孝武置左馮翊、右扶風、京兆尹，而吏民爲之語曰：『前有趙、張，後有三王。』然劉向獨序趙廣漢、尹翁歸、韓延壽、馮商傳王尊，揚雄亦如之。廣漢聰明，下不能欺，延壽厲善，所居移風，然皆訐上不信，以失身墮功。翁歸抱公絜己，爲近世表。張敞衎衎，履忠進言，緣飾儒雅，刑罰必行，縱赦有度，條敎可觀，然被輕媠之名。王尊文武自將，所在必發，譎詭不經，好爲大言。王章剛直守節，不量輕重，以陷刑戮，妻子流遷，哀哉！」

蓋諸葛劉鄭孫毋將何傳第四十七（蓋寬饒　諸葛豐　劉輔　鄭崇　孫寶　毋將隆　何並）

蓋寬饒，魏郡人，字次公。明經爲郡文學。宣帝朝擧方正，對策高第，累擢司隸校尉，刺擧無所回避，公卿貴戚皆恐懼，莫敢犯禁，京師爲清。爲人剛直公廉，然深刻喜陷害人，又好言事刺譏，奸犯上意，坐怨謗下吏自殺。

諸葛豐，琅邪人，字少季。以明經爲郡文學，爲人特立剛直。元帝時擢爲司隸校尉，刺擧無所避，京師爲之語曰：「間何闊，逢諸葛。」時侍中許章以外屬貴幸，奢淫不法，豐欲奏其事，適逢章，擧節欲收之，章窘迫馳入宮門，豐上奏，於是收豐節，後免爲庶人，終於家。

劉輔，河間宗室人。舉孝廉，爲襄賁令。擢諫大夫。成帝欲立趙婕妤爲后，輔上書諫阻。終於家。

鄭崇，高密人，字子游。少爲郡文學史，至丞相大車屬。哀帝時薦擢尚書僕射，每曳革履進見，帝曰：我識鄭尚書履聲。卒以直諫見疏，尚書令趙昌奏崇與宗族通。帝責崇曰：君門如市人，何以欲禁切主上？崇答曰：臣門如市，臣心如水。帝怒，下獄窮治，死獄中。

孫寶，鄢陵人，字子嚴。以明經爲郡吏，後爲議郎，遷諫大夫，歷益州、冀州刺史。拜廣漢太守，蠻夷安輯，吏民稱之，徵爲京兆尹。哀帝時爲司隸，上書訟尚書僕射鄭崇寃，免爲庶人。平帝時起爲大司農，廷臣稱王莽功德，寶獨非之，衆皆失色，坐不迎母免，終於家。

毋將隆，蘭陵人，字君房。爲從事中郎，遷諫大夫。成帝末，隆奏封事，言宜徵定陶王使在國邸。後帝竟立定陶王爲太子，隆遷冀州牧、潁川太守。哀帝卽位，遷執金吾。王莽少時與隆交，隆不甚附，坐免官，徙合浦。

何並，平陵人，字子廉。爲長陵令，道不拾遺，後爲潁川太守。鋤擊豪強，表善好士，一郡清靜，史稱其節亞尹翁歸云。

贊曰：「蓋寬饒爲司臣，正色立於朝，雖詩所謂『國之司直』無以加也。若采王生之言以終其身，斯近古之賢臣矣。諸葛、劉、鄭雖云狂瞽，有異志焉。孔子曰：『吾未見剛者。』以數子之名迹，然毋將汙於冀州，孫寶橈於定陵，況俗人乎！何並之節，亞尹翁歸云。」

蕭望之傳第四十八

蕭望之字長倩，蘭陵人，徙杜陵。世以田爲業，至望之，好學多聞，治齊詩。射策甲科爲郎，宣帝時仕至太子太傅。帝疾篤，受遺詔輔幼主，是爲元帝。事君能導以古制，多所匡正。後爲石顯等所陷，飲鴆自殺。

贊曰：「蕭望之歷任將相，籍師傅之恩，可謂親昵亡間。及至謀泄隙開，讒邪搆之，卒爲便嬖宦豎所圖，哀哉！不然，望之堂堂，折而不橈，身爲儒宗，有輔佐之能，近古社稷臣也。」

馮奉世傳第四十九

馮奉世字子明，上黨潞人。武帝末以良家子選爲郎。昭帝時以功補武安長。失官，乃學春秋涉大義，明習兵法。宣帝時出使西域諸國，嘗矯制發兵擊莎車，威鎭絕域。後又以破羌之功，賜爵關內侯。奉世有子男九人，女四人，今擇其重要者敍述之。

馮媛，馮奉世之長女。元帝時選入宮，爲元帝昭儀，產中山孝王。元帝崩，爲中山太后，隨王就國。後爲傅太后所構，自殺。

馮譚，馮奉世之長子，太常舉孝廉爲郎，功補天水司馬。奉世擊西羌，譚爲校尉，隨父從軍有功，未拜病死。

馮野王字君卿，受業博士，通詩。元帝時爲隴西太守，以治行高，入爲左馮翊。遷大鴻臚。詔書稱其剛強堅固，確然亡欲。朝士共舉爲御史大夫，而帝以野王女弟爲昭儀避嫌不用。

馮逡字子產，通易。治行廉平。爲清河都尉時，言河隄方略，見地頗深。

馮立字聖卿，通春秋。居職公廉，治行略與野王相似，爲吏民所嘉美。後遷爲東海太守，下濕病痺。天子聞之，徙爲太原太守。更歷五郡，所居有迹。年老卒官。

馮參字叔平，學通尚書。爲人矜嚴，好修容儀，進退恂恂，甚可觀也。因中山王早薨，上憐之，而爲關內侯。哀帝時，因傅太后用事，追怨參姊中山太后，陷以祝詛大逆之罪。參以同產當相坐，自殺身亡。

贊曰：「詩稱『抑抑威儀，惟德之隅』。宜鄉侯參鞠躬履方，擇地而行，可謂淑人君子，然卒死於非罪，不能自免，哀哉！讒邪交亂，貞良被害，自古而然。故伯奇放流，孟子宮刑，申生雉經，屈原赴湘，小弁之詩作，離騷之辭興。經曰：『心之憂矣，涕既隕之。』馮參姊弟，亦云悲矣！」

宣元六王傳第五十（宣帝子：淮陽憲王劉欽、楚孝王劉囂、東平思王劉宇、中山哀王劉竟。元帝子：定陶共王劉康、中山孝王劉興。）

淮陽憲王劉欽，宣帝元康三年立。好經書法律，聰達有材。成帝卽位，以淮陽王屬爲叔父，敬寵之。

楚孝王劉囂，甘露二年立爲定陶王，三年徙楚。第二年薨，子懷王文嗣。

東平思王劉宇，甘露二年立。元帝卽位，就國。因國勢強大，通姦好犯法，上以至親恕其無罪。

中山哀王劉竟，初元二年立爲清河王。三年，徙中山，以幼少未之國。建昭四年薨，無子。

定陶共王劉康，永光三年立爲濟陽王。八年徙山陽王。再八年徙定陶。多材藝，知音聲。

中山孝王劉興，建昭二年，立爲信都王。十四年徙中山。

贊曰：「孝元之後，徧有天下，然而世絕於孫，豈非天哉！淮陽憲王於時諸侯爲聰察矣，張博誘之，幾陷無道。詩云：『貪人敗類』，古今一也。」

匡張孔馬傳第五十一（匡衡　張禹　孔光　馬宮）

匡衡，字稚圭，東海承人。幼家貧好學，善於經學。宣帝時調補平原文學。元帝時史高薦爲郎中，遷博士。因數上疏陳便宜，於建昭三年爲丞相，封樂安侯。常引經書上諫。成帝時有司奏衡專地盜土，衡竟坐免，終於家。

張禹，字子文，河內軹人。幼頗曉別著布卦意，壯從施讎受易，事王陽、庸生問論語，明經學。成帝河平四年爲丞相，封安昌侯。爲人謹厚，在位敬謹。及哀帝建平二年薨，諡曰節侯。

孔光，字子夏，孔子十四世之孫。明經學。成帝卽位，舉爲博士，官至尙書。凡典樞機十餘年，時有所言，輒削草稾。有所薦舉，唯恐其人之聞知。沐日歸休，燕語不及朝省事。平帝初，王莽權日盛，上書乞骸骨歸。元始五年薨，諡曰簡烈侯。

官。

馬宮，字游卿，東海戚人，本姓馬矢。哀帝時爲太師。與王莽交厚，莽簒位，以宮爲太子師。卒官。

贊曰：「自孝武興學，公孫弘以儒相，其後蔡義、韋賢、玄成、匡衡、張禹、翟方進、孔光、平當、馬宮及當子晏咸以儒宗居宰相位，服儒衣冠。傳先王語，其醞藉可也，然皆持祿保位，被阿諛之譏。彼以古人之迹見繩，烏能勝其任乎！」

王商史丹傅喜傳第五十二

王商，字子威，涿郡蠡吾人。襲封樂昌侯。成帝立，曾代匡衡爲丞相。爲人多質有威重，匈奴單于來朝，大畏商。後爲王鳳所誣，卒謚戾侯。

史丹，字君仲，魯人。官駙馬都尉侍中。封關內侯。甚爲知足，愷悌謹密，頗受上之信任。爲將軍前後十六年。謚頃侯。

傅喜，字稚游，河內溫人，哀帝祖母定陶傅太后之從父弟。哀帝時，官大司馬，封高武侯。傅太后欲稱尊號時，執正義不從而被免。平帝時召還。

贊曰：「自宣、元、成、哀外戚興者，許、史、三王、丁、傅之家，皆重侯累將，窮貴極富，見其位矣，未見其人也。陽平之王多有材能，好事慕名，其勢尤盛，曠貴最久。然至於莽，亦以覆國。王商有剛毅節，廢黜以憂死，非其罪也。史丹父子相繼，商以重厚，位至三公。丹之輔導副主，掩惡揚美，傅會善意，雖宿儒達士無以加焉。及其歷房闥，入臥內，推至誠，犯顏色，動寤萬乘，轉移大謀，卒成太子，安母后之位。『無言不讎』，終獲忠貞之報。傅喜守節不傾，亦蒙後凋之賞。哀、平際會，禍福速哉！」

薛宣朱博傳第五十三

薛宣，字贛君，東海郯人。爲人好威儀，進止雍容。累官御史中丞，凡所貶退稱進，白黑分明。出守臨淮、陳留二郡，政教大行。後爲丞相，封爲高陽侯。

朱博，字子元，杜陵人。伉俠好交，爲督郵書掾，御史中丞。陳咸下獄，博以計出之，由是名顯。成帝時歷櫟陽四縣令，累遷冀、并二州刺史，行部決遣如神，入爲左馮翊，網絡張設，敢於誅殺，每易官，輒以奇譎服人。哀帝卽位，拜御史大夫，代孔光爲丞相，封陽鄉侯。後以附傅晏下廷尉，自殺。

贊曰：「薛宣、朱博皆起佐史，歷位以登宰相。宣所在而治，爲世吏師，及居大位，以苛察失名，器誠有極也。博馳騁進取，不思道德，已亡可言，又見孝成之世委任大臣，假借用權。世主已更，好惡異前，復附丁、傅，稱順孔鄉。事發見詰，遂陷誣罔，辭窮情得，仰藥飲鴆。孔子曰：『久矣哉，由之行詐也！』博亦然哉！」

翟方進傳第五十四

翟方進，汝南上蔡人，字子威。少孤家貧，給事太守府爲小史。相者蔡父謂有封侯骨，當以經術進。旋西至京師受經，繼母織履以給。積十餘年，明習經學，射策甲科爲郎，遷朔方刺史。成帝永始中拜相，以儒雅緣飾吏事，號爲通明，封高陵侯，食邑千戶。後以災異，賜自盡，諡恭侯。

贊曰：「司徒掾班彪曰：『丞相方進以孤童攜老母，羈旅入京師，身爲儒宗，致位宰相，盛矣。當莽之起，蓋乘天威，雖有賁育（孟賁、夏育），奚益於敵？義不量力，懷忠憤發，以隕其宗，悲夫！』」

谷永杜鄴傳第五十五

谷永，字子雲，長安人，父吉。精通京氏易。成帝時，以王氏黨，徵爲北地太守。終大司農。杜鄴，字子夏，魏郡繁陽人。與杜欽同字姓，俱以才能稱。鄴從張吉學。以孝廉爲郎。時人稱大冠杜子夏。

贊曰：「孝成之世，委政外家，諸舅持權，重於丁、傅在孝哀時。故杜鄴敢譏丁、傅，而欽、永不敢言王氏，其勢然也。及欽欲挹損鳳權，而鄴附會音、商。永陳三七之戒，斯爲忠焉，至其引申伯以阿鳳，隙平阿於車騎，指金火以求合，可謂諒不足而談有餘者。孔子稱『友多聞』，三人近之矣。」

何武王嘉師丹傳第五十六

何武，字君公，蜀郡郫縣人。官揚州刺史，大司空。哀帝時受王莽誣自殺。諡刺。

王嘉，字公仲，平陵人。以明經射策甲科爲郎。哀帝時爲丞相，帝託傅太后遺詔，益封董賢二千戶，嘉封還詔書，極諫，書奏，帝不能平，乃召嘉詣廷，嘉仰天歎曰：「幸得充備宰相，不能進賢退不肖，死有餘責」。遂不食嘔血死。後追諡忠。

師丹，字仲公，琅邪東武人。治詩，事匡衡。元帝末爲博士，累官大司空，封高樂侯。後以切諫忤哀帝，策免。平帝卽位，嘉其忠誠，復封爲義陽侯。卒諡節。

贊曰：「何武之舉，王嘉之爭，師丹之議，考其禍福，乃效於後。當王莽之作，外內咸服，董賢之愛，疑於親戚，武、嘉區區，以一蕢障江河，用沒其身。丹與董宏更受賞罰，哀哉！故曰：『依世則廢道，違俗則危殆。』此古人所以難受爵位者也。」

揚雄傳第五十七上下

揚雄字子雲，蜀郡成都人。雄少而好學，博覽無所不見。爲人簡易佚蕩，口吃不能劇談，而博學深思，獨以文章名世。成帝時，召對承明庭，奏甘泉、河東、長楊、校獵四賦。多仿司馬相如，尋復薄詞賦而不爲，於是作太玄以擬易，作法言以擬論語，仿蒼頡作訓纂，仿虞箴作州箴。桓譚論其書，文義至深，而論不詭於聖人云。

雄年四十餘，自蜀來京，大司馬車騎將軍王音奇其文雅，召以爲門下史。歲餘，除爲郎，給事黃門。成、哀年間，雄三世不徙官。及莽篡位，雄復不侯，以耆老久次轉爲大夫。

贊曰：「……王莽時，劉歆、甄豐皆爲上公，莽既以符命自立，卽位之後欲絕其原以神前事，而豐子尋、歆子棻復獻之。莽誅豐父子，投棻四裔，辭所連及，便收不請。時雄校書天祿閣上，治獄使者來，欲收雄，雄恐不能自免，乃從閣上自投下，幾死。莽聞之曰：『雄素不與事，何故在此？』間請問其故，乃劉棻嘗從雄學作奇字，雄不知情。有詔勿問。然京師爲之語曰：『惟寂寞，自投閣；爰清靜，作符命。』雄以病免，復召爲大夫。家素貧，耆酒，人希至其門。時有好事者載酒肴從游學，而鉅鹿侯芭常從雄居，受其太玄、法言焉。劉歆亦嘗觀之，謂雄曰：『空自苦！今學者有祿利，然尚不能明易，又如玄何？吾恐後人用覆醬瓿也。』雄笑而不應。年七十一，天鳳五年卒，侯芭爲起墳，喪之三年。時大司空王邑，納言嚴尤聞雄死，謂桓譚曰：『子嘗稱揚雄書，豈能傳於後世乎？』譚曰：『必傳。顧君與譚不及見也。凡人賤近而貴遠，親見揚子雲祿位容貌不能動人，故輕其書。昔老聃著虛無之言兩篇，薄仁義，非禮學，然後世好之者尚以爲過於五經，自漢文景之君及司馬遷皆有是言。今揚子之書文義至深，而論不詭於聖人，若使遭遇時君，更閱賢知，爲所稱善，則必度越諸子矣。』諸儒或譏以爲雄非聖人而作經，猶春秋吳楚之君僭號稱王，蓋誅絕之罪也。自雄之沒至今四十餘年，其法言大行，而玄終不顯，然篇籍具存。」

儒林傳第五十八（丁寬　施讎　孟喜　梁丘賀　京房　費直　高相　伏生　歐陽生　林尊　夏侯勝　周堪　張山拊　申公　王式　轅固　后倉　韓嬰　趙子　毛公　孟卿　胡母生　嚴彭祖　顏安樂　瑕丘江公　房鳳）

丁寬，梁人，字子襄。學易於田何。景帝朝，爲梁孝王將軍。作易說三萬言。後授同郡田王孫。世稱爲丁將軍。

施讎，沛人，字長卿。初從田王孫受易，後爲博士，與諸儒雜論五經同異於石渠閣。讎授張禹，禹授彭宣，由是施家有張、彭之學。

孟喜，東海人，字長卿。父孟卿，善爲禮、春秋，授后蒼、疏廣。喜與施讎、梁丘賀同從田王孫受易，故易有施、孟、梁丘之學，列於學官。

梁丘賀，琅邪諸人，字長翁。從京房受易。善筮，累官太中大夫，給事中，至少府。

京房，頓丘人。精周易，長於災變。初事焦延壽，延壽曰：「傳吾道以亡身者，京生也。」後果因上封事言災異，下獄棄市。

費直，東萊人，字長翁。治易，長於卦筮。仕爲郎，至單父令。

高相，沛人。治易，其學無章句，專說陰陽災異，自言出於丁將軍。

伏生，濟南人，字子賤。故爲秦博士。文帝時求能治尚書者，勝時年九十餘，老不能行，使鼂錯往受之。得二十九篇，卽今古文尚書是也。撰有尚書大傳。

歐陽生，千乘人，字和伯。事伏生，受尙書，傳至曾孫高爲博士。高孫地餘，亦爲博士，論石渠。官至少府。至東漢時，其裔孫歙復以傳業顯名，由是尙書世有歐陽氏之學。

林尊，濟南人，字長賓。事歐陽高，爲博士，論石渠。後至太子太傅，授平陵平當、梁陳翁生。徒衆尤盛。

夏侯勝，其先夏侯都尉，從濟南張生受尙書，傳族子始昌。始昌傳勝，勝傳從兄子建，建又事歐陽高。由是尙書有大小夏侯之學。

周堪，字少卿，齊人。與孔霸俱事大夏侯勝。曾論於石渠，經爲最高，後任太子少傅。元帝卽位爲光祿大夫。

張山拊，字長賓，平陵人。事小夏侯建，爲博士。

中公，少與楚元王交從齊人浮丘伯受詩。後以詩經訓詁敎弟子，稱爲魯詩。

王式，字翁思，東平新桃人。精詩三百篇。

轅固，齊人。以治詩孝景時爲博士。開齊詩風氣。

后倉，字近君，東海郯人。事夏侯始昌。通詩禮，爲博士。授翼奉、蕭望之、匡衡。

韓嬰，燕人。孝文時爲博士。推詩人之意，作內外傳。後人稱爲韓詩。

趙子，河內人。事燕韓生，授同郡蔡誼。

毛公，趙人。治詩，授同郡貫長卿。長卿授解延年。延年授徐敖。由是言毛詩者，本之徐敖。

孟卿，東海人。時人以卿呼之。通經，授后倉禮，疏廣春秋。孟卿以禮經多，春秋煩雜，乃使子喜，從田王孫受易。

胡母生，字子都，齊人。治公羊春秋，爲景帝博士。與董仲舒同業，仲舒著書稱其德。

嚴彭祖，字公子，東海下邳人。與顏安樂俱事眭孟。精公羊春秋。

顏安樂，字公孫，魯國薛人。亦通公羊春秋。

瑕丘江公，受穀梁春秋及詩於魯申公。

房鳳，字子元，不其人。明經通達。

贊曰：「自武帝立五經博士，開弟子員，設科射策，勸以官祿，訖於元始，百有餘年，傳業者寖盛，支葉蕃滋，一經說至百餘萬言，大師衆至千餘人，蓋祿利之路然也。初，書唯有歐陽，禮后，易楊，春秋公羊而已。至孝宣世，復立大小夏侯尚書，大小戴禮，施、孟、梁丘易，穀梁春秋。至元帝世，復立京氏易。平帝時，又立左氏春秋、毛詩、逸禮、古文尚書，所以罔羅遺失，兼而存之，是在其中矣。」

循吏傳第五十九（文翁　王成　黃霸　朱邑　龔遂　召信臣）

文翁，廬江舒人。少好學，通春秋。景帝末，爲蜀郡守，仁愛好教化。歿後，吏民爲立祠堂，歲時祭祀不絕。

王成，爲膠東相，有政聲。

黃霸，字次公，淮陽陽夏人。少學律令，喜爲吏。武帝末，官河南太守丞，政尚寬和，吏民愛敬。宣帝立，召爲廷尉正。坐夏侯勝事獄，因從勝受尚書。出獄後，累官揚州刺史、潁川太守，治行爲天下第一。後爲丞相，封建成侯。

朱邑，字仲卿，舒地人。廉平不苛，以愛利爲行。任北海太守，以治行第一入大司農。天子器之，朝廷敬焉。

龔遂，字少卿，山陽南平陽人。以明經爲官。宣帝時奉命守渤海，郡因歲飢，民多爲盜；遂至，悉罷捕吏，敎民賣刀買犢，賣劍買牛，務農桑，畜雞豚，民漸富實，盜賊亦戢；邑稱大治，爲循吏冠。後遷水衡都尉。卒於官。

召信臣，字翁卿，九江壽春人。其治視民如子，所居見稱述。好爲民興利，務在富之，躬勸耕農。民號 曰召父。

酷吏傳第六十（郅都　甯成　周陽由　趙禹　義縱　王溫舒　尹齊　楊僕　咸宣　田廣明　田延年　嚴延年　尹賞）

郅都，河東大陽人。有勇氣，嚴酷，行法不避貴戚。當時列侯宗室號之曰「蒼鷹」。

甯成，南陽穰人。其治效郅都，但廉則不如，宗室豪傑人皆惴恐。

周陽由，暴酷驕恣。所居郡，必夷其豪。

趙禹，爲人廉裾。周亞夫爲丞相，禹爲丞相史，府中皆稱其廉平。

義縱，河東人。任長陵及長安令，直法行治，不避貴戚。

王溫舒，陽陵人。曾事張湯爲御史，督盜賊，殺傷甚多。好殺行威，不能愛人。

尹齊，東郡茌平人。事張湯，湯數稱以爲廉。武帝使督盜賊，斬伐不避貴勢。

楊僕，宜陽人。曾督盜賊於關東，果敢博擊而行其治。

咸宣，楊人。治主父偃及淮南之獄而殺人最多。後自殺。

田廣明，字子公，鄭人。爲河南都尉，以殺伐爲治，有能名。

田延年，字子賓，本齊人，後徙陽陵。出河東太守，誅鉏豪強，姦邪不敢發。昌邑王淫亂，霍光憂懣不決，問於延年，延年說光白太后廢昌邑王。宣帝立，封陽成侯。尋爲怨家所告，召詣廷尉，自刎死。

嚴延年，字次卿，東海下邳人。少學法律。曾任河南太守，其治務在摧折強暴，扶助貧弱，以是豪強脅息，野無行盜。唯疾惡過甚，用刑刻急，多月論囚，流血數里，河南號曰「屠伯」。

尹賞，字子心，鉅鹿楊氏人。永始、元延間，爲長安令。後進執金吾。

贊曰：「自郅都以下皆以酷烈爲聲，然都抗直，引是非，爭大體。張湯以知阿邑人主，與俱上下，時辯當否，國家賴其便。趙禹據法守正。杜周從諛，以少言爲重。張湯死後，罔密事叢，以寖耗廢，九卿奉職，救過不給，何暇論繩墨之外乎！自是以至哀、平，酷吏衆多，然莫足數，此其知名見紀者也。其廉者足以爲儀表，其汙者方略敎道，壹切禁姦，亦質有文武焉。雖酷，稱其位矣。湯、周子孫貴盛，故別傳。」

貨殖傳第六十一

見本書第三章第四節。

游俠傳第六十二（朱家　劇孟　郭解　萬章　樓護　陳遵　原涉）

朱家，魯人，與高祖同時。以俠聞。

劇孟，洛陽人。亦以俠顯，行類朱家。

郭解，河內軹人。折節爲儉，厚施薄望。喜爲俠。

萬章，字子夏，長安人。有豪俠氣。後爲王尊所殺。

樓護，字君卿，齊人。爲人短小精辯，論議常依名節，聽之者皆竦。

陳遵，字孟公，杜陵人。放縱不拘，操行雖異，然能相親友。

原涉，字巨先，茂陵人。以孝聞。王莽末，薦拜鎭戎大尹，天水太守。

佞幸傳第六十三

見本書第三章第四節。

贊曰：「柔曼之傾意，非獨女德，蓋亦有男色焉。觀籍、閎、鄧、韓之徒非一，而董賢之寵尤盛，父子並爲公卿，可謂貴重人臣無二矣。然進不繇道，位過其任，莫能有終，所謂愛之適足以害之者也。漢世衰於元、成，壞於哀、平。哀、平之際，國多釁矣。主疾無嗣，弄臣爲輔，鼎足不強，棟幹微撓。一朝帝崩，姦臣擅命，董賢縊死，丁、傅流放，辜及母后，奪位幽廢，咎在親便嬖，所任非仁賢。故仲尼著『損者三友』，王者不私人以官，殆爲此也。」

匈奴傳第六十四上下

見本書第三章第四節。

贊曰：「書戒『蠻夷猾夏』，詩稱『戎狄是膺』，春秋『有道守在四夷』，久矣夷狄之爲患也。故自漢興，忠言嘉謀之臣曷嘗不運籌策相與爭於廟堂之上乎？高祖時則劉敬，呂后時樊噲、季布，孝文時賈誼、朝錯，孝武時王恢、韓安國、朱買臣、公孫弘、董仲舒，人持所見，各有同異，然總其要，歸兩科而已。縉紳之儒則守和親，介胄之士則言征伐，皆偏見一時之利害，而未究匈奴之終始也。自漢興以至于今，曠世歷年，多於春秋，其與匈奴，有脩文而和親之矣，有用武而克伐之矣，有卑下而承事之矣，有威服而臣畜之矣，詘伸異變，強弱相反，是故其詳可得而言也。昔和親之論，發於劉敬。是時天下初定，新遭平城之難，故從其言，約結和親，賂遺單于，冀以救安邊境。孝惠、高后時遵而不違，匈奴寇盜不爲衰止，而單于反以加驕倨。逮至孝文，與通關市，妻以漢女，增厚其賂，歲以千金，而匈奴數背約束，邊境屢被其害。是以文帝中年，赫然發憤，遂躬戎服，親御鞌馬，從六郡良家材力之士，馳射上林，講習戰陳，聚天下精兵，軍於廣武，顧問馮唐，與論將帥，喟然歎息，思古名臣，此則和親無益，已然之明效也。仲舒親見四世之事，猶復欲守舊文，頗增其約。以爲『義動君子，利動貪人，如匈奴者，非可以仁義說也，獨可說以厚利，結之於天耳。故與之厚利以沒其意，與盟於天以堅其約，質其愛子以累其心，匈奴雖欲展轉，奈失重利何，奈欺上天何，奈殺愛子何。夫賦斂行賂不足以當三軍之費，城郭之固無以異於貞士之約，而使邊城守境之民父兄緩帶，稚子咽哺，胡馬不窺於長城，而羽檄不行於中國，不亦便於天下乎！』察仲舒之論，考諸行事，乃知其未合於當時，而有闕於後世也。當孝武時，雖征伐克獲，而士馬物故亦略相當；雖開河南之野，建朔方之郡，亦棄造陽之北九百餘里。匈奴人民每來降漢，單于亦輒拘留漢使以相報復，其桀驁尚如斯，安肯以愛子而爲質乎？此不合當時之言也。若不置質，空約和親，是襲孝文既往之悔，而長匈奴無已之詐也。夫邊城不選守境武略之臣，脩障隧備塞之具，厲長戟勁弩之械，恃吾所以待邊寇。而務賦斂於民，遠行貨賂，割剝百姓，以奉寇讎。信甘言，守空約，而幾胡馬之不窺，不已過乎！至孝宣之世，承武帝奮擊之威，直匈奴百年之運，因其壞亂幾亡之厄，權時施宜，覆以威德，然後單于稽首臣服，遣子入侍，世稱藩，賓於漢庭。是時邊城晏閉，牛馬布野，三世無犬吠之警，黎庶亡干戈之役。後六十餘載之間，遭王莽簒位，始開邊隙，單于由是歸怨自絕，莽遂斬其侍子，邊境之禍搆矣。故呼韓邪始朝於漢，漢議其儀，而蕭望之曰：『戎狄荒服，言其來服荒忽無常，時至時云，宜待以客禮，讓而不臣。如其後嗣遂逃竄伏，使於中國不爲叛臣。』及孝元時，議罷守塞之備，侯應以爲不可，可謂盛不忘衰，安必思危，遠見識微之明矣。至單于咸棄其愛子，昧利不顧，侵掠所獲，歲鉅萬計，而和親賂遺，不過千金，安在其不棄質而失重利也？仲舒之言，漏於是矣。夫規事建議，不圖萬世之固，而媮恃一時之事者，未可以經遠也。若乃征伐之功，秦漢行事，嚴尤論之當矣。故先王度土，中立封畿，分九州，列五服，物土貢，制外內，或脩刑政，或昭文德，遠近之勢異也。是以春秋內諸夏而外夷狄。夷狄之人貪而好利，被髮左衽，人面獸心，其與中國殊章服，異習俗，飲食不同，言語不通，辟居北垂寒露之野，逐草隨畜，射獵爲生，隔以山谷，雍以沙幕，天地所以絕外內也。是故聖王禽獸畜之，不與約誓，不就攻伐；約之則費賂而見欺，攻之則勞師而招寇。其地不可耕而食之，其民不可臣而畜也，是以外而不內，疏而不戚，政教不及其人，正朔不加其國；來則懲而御之，去則備而守之。其慕義而貢獻，則接之以禮讓，羈靡不絕，使曲在彼，蓋聖王制御蠻夷之常道也。」

西南夷兩粵朝鮮傳第六十五

見本書第三章第四節。

贊曰：「楚、粵之先，歷世有土。及周之衰，楚地方五千里，而句踐亦以粵伯。秦滅諸侯，唯楚尙有滇王。漢誅西南夷，獨滇復寵。及東粵滅國遷衆，繇王居股等猶爲萬戶侯。三方之開，皆自好事之臣。故西南夷發於唐蒙、司馬相如，兩粵起嚴助、朱買臣，朝鮮由涉何。遭世富盛，動能成功，然已勤矣。追觀太宗塡撫尉佗，豈古所謂『招攜以禮，懷遠以德』者哉！」

西域傳第六十六上下

見本書第三章第四節。

贊曰：「孝武之世，圖制匈奴，患其兼從西國，結黨南羌，乃表河西，列四郡，開玉門，通西域，以斷匈奴右臂，隔絕南羌、月氏。單于失援，由是遠遁，而幕南無王庭。遭值文、景玄默，養民五世，天下殷富，財力有餘，士馬強盛。故能睹犀布、瑇瑁則建珠崖七郡，感枸醬、竹杖則開牂柯、越巂，聞天馬，蒲陶則通大宛、安息。自是之後，明珠、文甲、通犀、翠羽之珍盈於後宮，蒲梢、龍文、魚目、汗血之馬充於黃門，鉅象、師子、猛犬、大雀之群食於外囿。殊方異物，四面而至。於是廣開上林，穿昆明池，營千門萬戶之宮，立神明通天之臺，興造甲乙之帳，落於隨珠和璧，天子負黼依，襲翠被，馮玉几，而處其中。設酒池肉林以饗四夷之客，作巴俞都盧、海中碭極、漫衍魚龍、角抵之戲以觀視之。及賂遺贈送，萬里相奉，師旅之費，不可勝計。至於用度不足，乃榷酒酤，筦鹽鐵，鑄白金，造皮幣，算至車船，稍及六畜。民力屈，財用竭，因之以凶年，寇盜並起，道路不通，直指之使始出，衣繡杖斧，斷斬於郡國，然後勝之。是以末年遂棄輪臺之地，而下哀痛之詔，豈非仁聖之所悔哉！且通西域，近有龍堆，遠則葱嶺，身熱、頭痛、縣度之厄。淮南、杜欽、揚雄之論，皆以爲此天地所以界別區域，絕外內也。書曰『西戎卽序』，禹既就而序之，非上威服致其貢物也。西域諸國，各有君長，兵衆分弱，無所統一，雖屬匈奴，不相親附。匈奴能得其馬畜旃罽，而不能統率與之進退。與漢隔絕，道里又遠，得之不爲益，棄之不爲損。盛德在我，無取於彼。故自建武以來，西域思漢威德，咸樂內屬。唯其小邑鄯善、車師，界迫匈奴，尚爲所拘。而其大國莎車、于闐之屬，數遣使置質于漢，願請屬都護。聖上遠覽古今，因時之宜，羈縻不絕，辭而未許。雖大禹之序西戎，周公之讓白雉，太宗之卻走馬，義兼之矣，亦何以尚茲！」

外戚傳第六十七上下

見本書第三章第四節。

贊曰：「易著吉凶而言謙盈之效，天地鬼神至于人道靡不同之。夫女寵之興，繇至微而體至尊，窮富貴而不以功，此固道家所畏，禍福之宗也。序自漢興，終于孝平，外戚後庭色寵著聞二十有餘人，然其保位全家者，唯文、景、武帝太后及邛成后四人而已。至如史良娣、王悼后、許恭哀后身皆夭折不辜，而家依託舊恩，不敢縱恣，是以能全。其餘大者夷滅，小者放流，烏嘑！鑒茲行事，變亦備矣。」

元后傳第六十八

漢元帝之后，王莽之姑，名政君。平帝時，臨朝，委政於王莽。及莽篡位，乃命后曰新室文母。年八十四而崩。

贊曰：「司徒掾班彪曰：三代以來，春秋所記，王公國君，與其失世，稀不以女寵。漢興，后妃之家呂、霍、上官，幾危國者數矣。及王莽之興，由孝元后歷漢四世爲天下母，饗國六十餘載，羣弟世權，更持國柄，五將十侯，卒成新都。位號已移於天下，而元后卷卷猶握一璽，不欲以授莽，婦人之仁，悲夫！」

王莽傳第六十九上中下

王莽字巨君，父曼早死，不侯。諸父皆封侯，莽獨孤貧，折節讀書。事母及寡嫂，養孤兄子，內行修敕，外交英俊，曲事諸父。後封新都侯，爵位益尊，愈爲謙抑。虛譽隆洽，傾其諸父，拜大司馬。哀帝卽位，莽與丁、傅忤，免就國。平帝立，元后臨朝稱制，委政於莽，號安漢公。女爲皇后，加宰衡，位上公，加九錫。旋弒平帝，立孺子嬰，羣臣進符命，莽遂自稱攝皇帝。居攝三年，稱假皇帝。未幾，篡位，國號新。法令煩苛，羣盜並起，光武與兄伯升起兵討之。莽敗，被殺。在位十五年。

贊曰：「王莽始起外戚，折節力行，以要名譽，宗族稱孝，師友歸仁。及其居位輔政，成、哀之際，勤勞國家，直道而行，動見稱述。豈所謂『在家必聞，在國必聞』，『色取仁而行違』者邪？莽既不仁而有佞邪之材，又乘四父歷世之權，遭漢中微，國統三絕，而太后壽考為之宗主，故得肆其姦慝，以成篡盜之禍。推是言之，亦天時，非人力之致矣。及其竊位南面，處非所據，顛覆之勢險於桀紂，而莽晏然自以黃、虞復出也。乃始恣睢，奮其威詐，滔天虐民，窮凶極惡，毒流諸夏，亂延蠻貉，猶未足逞其欲焉。是以四海之內，囂然喪其樂生之心，中外憤怨，遠近俱發，城池不守，支體分裂，遂令天下城邑為虛，丘壠發掘，害徧生民，辜及朽骨，自書傳所載亂臣賊子無道之人，考其禍敗，未有如莽之甚者也。昔秦燔詩書以立私議，莽誦六藝以文姦言，同歸殊塗，俱用滅亡，皆炕龍絕氣，非命之運，紫色鼃聲，餘分閏位，聖王之驅除云爾！」

敘傳第七十

附錄二

研讀漢書的主要參考書籍

1. 漢書注　唐顏師古
2. 漢書評林　明凌稚隆
3. 漢書補注　清王先謙
4. 漢書疏證　清沈欽韓
5. 漢書注校補　清周壽昌
6. 漢書辨疑　清錢大昭
7. 讀漢書日記　清鳳曾敍　徐鴻鈞　朱錦綬
8. 讀兩漢書記　馬敍倫
9. 漢書窺管　楊樹達
10. 漢書補注辨證　施之勉
11. 漢書藝文志講疏　清顧實
12. 漢書藝文志問答　正中書局編審委員會

13. 前漢紀　後漢荀悅
14. 史通通釋　唐劉知幾撰　清浦起龍釋
15. 資治通鑑注　宋司馬光撰　胡三省注
16. 西漢年紀　宋王益之撰　清胡鳳丹校
17. 讀史舉正　清張熷
18. 文史通義　清章學誠
19. 讀書雜志　清王念孫
20. 廿二史考異　清錢大昕
21. 十七史商榷　清王鳴盛
22. 廿二史劄記　清趙翼
23. 正史概論　張立志
24. 廿五史述要　世界書局編輯部
25. 班馬異同　宋倪思
26. 史漢研究　鄭鶴聲
27. 史漢關係　吳福助
28. 中國史學史　全靜庵

29. 中國歷史研究法　梁啓超
30. 中國史學名著　錢　穆
31. 史學方法　余鶴清
32. 漢書論文集　陳新雄　于大成主編

附錄三

漢書釋例

楊樹達

一、較量例

陳咸傳云其治放嚴延年，其廉不如（虛受堂補注本六十六卷十五頁上）。

平當傳云：每有災異，當輒傳經術言得失；文雅雖不能及蕭望之匡衡，然指意略同（七十一卷九頁下）。

張敞傳云：其治京兆，略循趙廣漢之迹。方略耳目，發伏禁姦，不如廣漢（七十六卷十六頁下）。

朱博傳云：其治左馮翊，文理聰明殊不及薛宣，而多武譎（八十三卷十二頁上）。

谷永傳云：永於經書汎爲疏達，與杜欽杜鄴略等，不能洽浹如劉向父子及揚雄也（八十五卷十八頁下）。

何武傳云：功名略比薛宣，其材不及也，而經術正直過之（八十六卷四頁上）。

黃霸傳云：霸材長於治民。及爲丞相，總綱紀號令，風采不及丙魏于定國，功名損於治郡時（八十九卷六頁下）。

酷吏甯成傳云：其治效郅都，其廉弗如（九十卷四頁上）。

又義縱傳云：縱廉，其治效郅都（九十卷七頁上）。

又尹齊傳云：遷關都尉，聲甚於甯成（九十卷十頁上）。

游俠原涉傳云：涉性略似郭解（九十二卷十四頁下）。

佞幸傳云：趙談者，以星氣幸，北宮伯子，長者，愛人，故親近；然皆不比鄧通（九十三卷三頁上）。

又韓嫣傳云：賞賜儗鄧通（九十三卷三頁下）。

又李延年傳云：其愛幸埒韓嫣（九十三卷四頁上）。

又淯于長傳云：其愛幸不及富平侯張放（九十三卷八頁上）。

按以上所舉，皆明指其人互爲比較者也。以此知孟堅於漢代人物高下在心，其書之非苟作，亦可以見矣。此外又有文中絕不指明，而實是暗爲比較者，非細心讀書心知其意者往往滑過，此尤足以窺班書之精密矣。例如：

張湯傳云：間卽奏事，上善之，曰：「臣非知爲此奏，乃監椽史某所爲」。其欲薦吏揚人之善解人之過如此（五十九卷三頁上）。

趙廣漢傳云：廣漢爲二千石，以和顏接士，其尉薦待遇吏殷勤甚備。事推功善，歸之於下，曰：「某掾卿所爲，非二千石所及」。行之發於至誠（七十六卷二頁下）。

按言「廣漢行之發於至誠」，卽所以反言張湯之矯僞也。蓋張湯之後，東漢時猶盛，故孟堅不直指比較而第於廣漢傳反言以明之。嗚呼！此馬班之所以爲良史歟！

二、附記例

申屠嘉傳云：自嘉死後，開封侯陶青桃侯劉舍及武帝時柏至侯許昌平棘侯薛澤武彊侯莊青翟商陵侯趙周皆以列侯繼踵，齪齪廉謹，爲丞相，備員而已，無所能發明功名著於世者（四十二卷八頁上）。

公孫弘傳云：其後李蔡嚴青翟趙周石慶公孫賀劉屈氂繼踵爲丞相，自蔡至慶，丞相府客館丘虛而已；至賀屈氂時，壞以爲馬廐車庫奴婢室矣。唯慶以惇謹復終相位，其餘盡伏誅云（五十八卷八頁上）。

王貢兩龔鮑宣傳云：漢興，有園公綺里季夏黃公用里先生……其後谷口有鄭子眞，蜀有嚴君平，皆脩身自保，非其服弗服，非其食弗食。……自園公綺里季夏黃公用里先生鄭子眞嚴君平皆未嘗仕，然其風聲足以激貪厲俗，近古之逸民也（七十二卷一頁下）。

又傳末云：自成帝至王莽時，清名之士，琅邪又有紀逡王思齊則薛方子容，太原則郇越臣仲，郇相稚賓，沛郡則唐林子高唐尊伯高，皆以明經飭行顯名於世……（同卷二十五頁上）。

汲黯傳云：黯姊子司馬安亦少與黯爲太子洗馬。安文深巧善宦，四至九卿，以河南太守卒。昆弟以安故同時至二千石十人。濮陽段宏始事蓋侯信，信任宏，官亦再至九卿（五十卷十四頁上）。

貨殖傳云：其餘郡國富民兼業顓利以貨賂自行取重於鄉里者不可勝數：故秦楊以田農而甲一州，翁伯以販脂而傾縣邑，張氏以賣醬而隃侈，質氏以洒削而鼎食，濁氏以胃脯而連騎，張里以馬醫而擊鍾，皆越法矣（九十一卷十二頁上）。

游俠劇孟傳云：及孟死，家無十金之財；而符離王孟亦以俠稱江淮之閒。是時濟南瞯氏，陳周膚亦以豪聞。景帝聞之，使使盡誅此屬。其後代諸白，梁韓毋辟陽翟薛況陝寒孺紛紛復出焉（九十二卷三頁下）。

又郭解傳云：自是之後，俠者極衆，而無足數者。然關中長安樊中子槐里趙王孫長陵高公子西河郭翁仲太原魯翁孺臨淮兒長卿東陽陳君孺雖爲俠而恂恂有退讓君子之風。至若北道姚氏西道諸杜南道仇景東道佗羽公子南陽趙調之徒，盜跖而居民閒者耳曷足道哉（同卷六頁上）。

又原涉傳云：自哀平閒，郡國處處有豪傑，然莫足數。其名聞州郡者，霸陵杜君敖池陽韓幼孺馬領繡君賓西河漕中叔皆有謙退之風（同卷十五頁上）。

佞幸傳云：漢興，佞幸寵臣，高祖時則有籍孺，孝惠有閎孺……景帝唯有郎中令周仁，昭帝時駙馬都尉秺侯金賞嗣父車騎將軍日磾爵爲侯，……宣帝時，侍中中郎將張彭祖少與帝微時同席研書；及帝卽尊位，彭祖以舊恩封陽都侯，出常參乘，號爲愛幸（九十三卷一頁上）。

三、互文相足例

宣帝紀云：詔曰：……詩不云乎？無德不報。封賀所子弟子侍中中郎將彭祖爲陽都侯（八卷十四頁下）。

張安世傳云：明年，復下詔曰……詩云：無言不讎，無德不報。其封賀弟子侍中關內侯彭祖爲陽都侯（五十九卷十頁下）。

按周壽昌云：安世傳封關內侯彭祖，無中郎將三字；宣紀無關內侯三字。所謂互文以徵實也。

宣帝紀云：元康元年夏五月，復高皇帝功臣絳侯周勃等百三十六人家子孫，令奉祀（八卷十二頁上）。

高惠高后文功臣表云：絳武侯周勃，元康四年，勃曾孫槐里公乘廣漢詔復家（十六卷十三頁下）。

通鑑考異云：功臣表詔復家者皆云元康四年，其數非一，不容盡訛，蓋紀訛耳。錢大昕云：表稱元康四年，而紀書於元年，蓋有司奉詔檢校得實請於朝而復之，非一時所易了。紀所書者下詔之歲；表所書者賜復之歲也。今按錢說郅確。持此識讀史，史文之差互者皆可以意會矣。

宣帝紀云：邴吉爲廷尉監，治巫蠱於郡邸，憐曾孫之亡辜，使女徒復作淮陽趙徵卿渭城胡組更乳養（八卷一頁下）。

丙吉傳云：掖庭令將則詣御史府以視吉。吉識，謂則曰：汝嘗坐養皇曾孫不謹督笞，汝安得有功？獨渭城胡組淮陽郭徵卿有功耳（七十四卷八頁下）。

顏注：宣紀云趙徵卿，邴吉傳云郭徵卿。紀傳不同，未知孰是。周壽昌云：此復作女徒或傳其家姓，或傳其夫姓，故紀傳有異同也。

杜延年傳云：左將軍上官桀父子與蓋主燕王謀爲逆亂，假稻田使者燕倉知其謀，以告大司農楊敞（六十卷三頁上）。

燕王旦傳云：會蓋主舍人父燕倉知其謀，告之，由是發覺（六十三卷十二頁下）。

按杜延年傳記燕倉之官職，燕王傳記其關係，互文以相足也。

項籍傳云：梁已破東阿下軍，遂追秦軍，數使使趣齊兵俱西。榮曰：楚殺田假，趙殺田角田閒乃發兵。梁曰：田假與國之王，窮來歸，我不忍殺（三十一卷十二頁上）。

田儋傳云：項梁使使趣齊兵擊章邯。榮曰：楚殺田假，趙殺角閒，迺出兵。楚懷王曰：田假，與國之王，窮而歸我，殺之不誼（三十三卷二頁下）。

按時項梁臣於懷王，田儋傳作懷王語者，據其名也；項籍傳作項梁語者，紀其實也。此亦互文以相足也。

項籍傳云：榮……自立爲齊王，予彭越將軍印，令反梁地，越迺擊殺濟北王田安（三十一卷十八頁下）。

田儋傳云：榮……攻殺濟北王安，自立爲王（三十三卷四頁上）。

按何焯校項籍傳云：田儋傳榮還攻殺安，與異姓諸侯王表同。此云越殺，誤也。樹達按此時越既屬榮，則越殺郎榮殺也。田儋傳及諸侯王表據其名，項籍傳紀其實耳。何以爲籍傳之誤，非好學深思心知其意者也。

四、微詞例

武帝紀贊云：如武帝之雄材大略，不改文景之恭儉以濟斯民，雖詩書所稱，何有加焉（六卷三十九頁下）。

按師古注云：美其雄材大略而非其不恭儉也。

成帝紀贊云：成帝善脩容儀，升車，正立，不內顧，不疾言，不親指，臨朝淵嘿，尊嚴若神，可謂穆穆天子之容者矣（十卷十六頁上）。

按何焯云：謂有其容，爽其德也。

張釋之傳云：太子與梁王共車入朝，不下司馬門。於是釋之追止太子梁王毋入殿門，遂劾不下公門，不敬，奏之。薄太后聞之，文帝免冠謝，曰：教兒子不謹。薄太后使使承詔赦太子梁王，然後得入。………文帝崩，景帝立，釋之恐，稱疾欲免去，懼大誅至；欲見，則未知何如。用王生計，卒見謝，景帝不過也。………釋之事景帝歲餘，爲淮南相，猶尚以前過也（五十卷二頁下及五頁上）。

西南夷傳贊云：三方之開，皆自好事之臣。故西南夷發於唐蒙司馬相如，兩粵起嚴助朱買臣，朝鮮由涉何。遭世富盛，能成功；然已勤矣。追觀太宗塡撫尉佗，豈古所謂招攜以禮，懷遠以德者哉（九十五卷二十二頁上）。

按此以文帝之塡撫南越刺武帝之用兵也。託諷之旨甚顯。

五、記始例

陳勝傳云：初爲王，其故人嘗與傭耕者聞之，迺之陳，叩宮門曰：「吾欲見涉」。宮門令欲縛之，自辯數，迺置；不肯爲通。勝出，遮道而呼「涉」。迺召見，載與歸。入宮，見殿屋帷帳，客曰：「夥！涉之爲王沈沈者！」楚人謂多爲夥，故天下傳之。「夥涉爲王，」由陳涉始（三十一卷七頁下）。

按此記「俗言」之始。

蕭何傳云：召平者，故秦東陵侯。秦破，爲布衣；貧，種瓜長安城東。瓜美，故世謂「東陵瓜」，從召平始也（三十九卷五頁上）。

按此記「名物」之始。

叔孫通傳云：惠帝常出游離宮，通曰：「古者有春嘗菓。方今櫻桃孰，可獻。願陛下出，因取櫻桃獻宗廟」。上許之。諸菓獻由此興（四十三卷十八頁上）。

貢禹傳云：自禹在位，數言得失，書數十上。禹以爲「古民無賦算。口錢起武帝征伐四夷，重賦於民。民產子三歲，則出口錢，故民重困，至於生子輒殺：甚可悲痛。宜令兒七歲去齒乃出口錢，年二十乃算」。天子下其議，令民產子七歲乃出口錢自此始（七十二卷十五頁下）。

儒林傳梁丘賀傳云：會八月飲酎，行祠孝昭廟，先敺旄頭劍挺墮墜首垂泥中，刃鄉乘輿車，馬驚。於是召賀筮之，有兵謀，不吉。上還，使有司侍祠。是時，霍氏外孫代郡太守任宣＝坐謀反誅＝宣子章為公車丞，亡在渭城界中，夜玄服，入廟，居郎閒，執戟立廟門，待上至，欲為逆。發覺，伏誅。故事上嘗夜入廟。其後，待明而入，自此始也（八十八卷九頁上）。

循吏傳文翁傳云：又修起學官於成都市中，招下縣子弟以為學官弟子。……至武帝時，乃令天下郡國皆立學校官，自文翁為之始云（八十九卷二頁下及三頁上）。

酷吏傳趙禹傳云：禹與張湯論定律令，作見知。吏轉相監司以法，蓋自此始（九十卷五頁上）。

食貨志云：又興十餘萬人築衞朔方，轉漕甚遠，自山東咸被其勞，費數十百鉅萬，府庫並虛。迺募民能入奴婢，得以終身復，為郎增秩，及入羊為郎，始於此（二十四卷下七頁下）。

公孫弘傳云：元朔中，代薛澤為丞相。先是漢常以列侯為丞相，唯弘無爵。上於是下詔曰：「……蓋古者任賢而序位，量能以授官，勞大者厥祿厚，德盛者獲爵尊。……其以高成之平津鄉戶六百五十封丞相弘為平津侯。」其後以為故事，至丞相封，自弘始也（五十八卷五頁下六頁）。

按以上記「政治」之始。

西域傳云：其後日逐王畔單于，將衆來降，護鄯善以西使者鄭吉迎之。既至，漢封日逐王為歸德侯，吉爲安遠侯。是歲，神爵三年也。乃因使吉並護北道，故號曰都護。都護之起，自吉置矣。僮僕都尉由此罷。匈奴益弱，不得近西域，於是徙屯田，田於北胥韃，披莎車之地，屯田校尉始屬都護（九十六卷上七頁下）。

又鄯善國傳云：於是漢遣司馬一人，吏士四十人，田伊循以塡撫之，其後更置都尉，伊循官置始此矣（九十六卷上十四頁上）。

按以上記「官制」之始。

王莽傳云：前煇光謝囂奏：武功長孟通浚井，得白石，上圓下方，有丹書著石，文曰：「告安漢公莽爲皇帝。」符命之起，自此始矣（九十九卷上二十五頁上）。

按以上記「禍變」之始。

賈誼傳云：是時，丞相絳侯周勃免就國。人有告勃謀反，逮繫長安獄治。卒亡事，復爵邑。故賈誼以此譏上，上深納其言，養臣下有節。是時，大臣有罪皆自殺，不受刑。至武帝時，稍復入獄，自甯成始（四十八卷三十頁下）。

按以上記「弊政」之始。

按記始乃春秋遺法如書「初作稅畝」是也。

六、自注例

淮南厲王長傳云：淮南厲王長，高帝少子也。其母故趙王敖美人。高帝八年，從東垣過趙，趙王獻美人，——厲王母也，——幸有身（四十四卷一頁上）。

按此文當以「趙王獻美人，幸有身」連讀。「厲王母也」，四字乃揷注之詞。否則文氣不屬。

又同傳云：亡之諸侯游宦事人及舍匿者，論皆有法；其在王所，吏主者坐。——今諸侯子為吏者，御史主；為軍吏者，中尉主；客出入殿門者，衞尉大行主；諸從蠻夷來歸誼及以無名數自占者，內史縣令主。——相欲委下吏無與其禍，不可得也（四十四卷四頁上）。

按「其在王所，吏主者坐」，謂諸侯王之吏也。「今諸侯子」以下云云，則以中朝之制說明「吏主者坐」者，故亦為注文。如湻謂御史以下至縣令主皆謂王官屬非也。

又同傳云：十六年，上憐淮南王廢法不軌，自使失國早夭，乃徙淮南王喜復王故城陽，而立厲王三子王淮南故地，三分之。阜陵侯安為淮南王，安陽侯勃為衡山王，陽周侯賜為廬江王。——東城侯良前薨，無後，——孝景三年，吳楚七國反，吳使者至淮南，淮南王欲發兵應之（四十四卷八頁上）。

儒林傳王式傳云：既至，止舍中。會諸大夫博士共持酒勞式，皆注意高仰之。博士江公世為魯詩宗，至，——江公著孝經說——心嫉式，謂歌吹諸生曰：歌驪駒（八十八卷十七頁下）。

貨殖傳云：關中富商大賈大氐盡諸田，——田牆，田蘭——韋家栗氏安陵杜氏亦鉅萬（九十一卷十一頁下）。

匈奴傳云：於是冒頓陽敗走，誘漢兵，漢兵逐擊冒頓。冒頓匿其精兵，見其羸弱，於是漢悉兵——多步兵，三十二萬——北逐之。高帝先至平城，步兵未盡到，冒頓縱精兵三十餘萬騎圍高帝於白登。七日，漢兵中外不得相救餉。——匈奴騎：其西方盡白，東方盡駹，北方盡驪，南於盡騂馬。——高帝乃使使厚遺閼氏，閼氏乃謂冒頓曰：兩主不相困。今得漢地，單于非能居之。且漢主有神，單于察之（九十四卷上八頁下）。

按「多步兵，三十二萬」，所以注明「漢悉兵」者也。「匈奴騎」云云，所以注明上文「精兵三十餘萬騎」者也。

兩粵傳云：及諸侯畔秦，無諸搖率粵歸番陽令吳芮，——所謂番君者也。——從諸侯滅秦（九十五卷十五頁下）。

王莽傳云：以故大鴻臚府爲定安公第，皆置門衞，使者監領，敕阿保乳母不得與語。常在四壁中，至於長大，不能名六畜。後莽以女孫——宇子——妻之（九十九卷中二頁下）。

按宇爲莽之長子，「宇子」所以詳說「女孫」二字者也。

七、終言例

高祖紀云：高祖嘗告歸之田，呂后與兩子居田中。有一老父過，請飲，呂后因餔之。老父相后，曰：「夫人，天下貴人也。」令相兩子，見孝惠帝，曰：「夫人所以貴者，乃此男也。」相魯元公主，亦皆貴。老父已去，高祖適從旁舍來。呂后具言：客有過，相我子母皆大貴。高祖問，曰：「未遠」。及追及，問老父。老父曰：「鄉者夫人兒子皆以君，君相貴不可言」。高祖乃謝曰：「誠如父言，不敢忘德」。及高祖貴，遂不知老父處（一卷上十五頁）。

張良傳云：五日，良夜半往。有頃，父亦來。喜曰：「當如是」。出一編書，曰：「讀是，則爲王者師。後十年興。十三年，孺子見我。濟北穀城山下黃石，卽我已」。遂去，不見。……良始所見下邳圯上老父與書者，後十三歲，從高帝過濟北，果得穀城山下黃石，取而寶祠之（四十卷三頁上及十一頁下）。

八、一人再見例

夏侯勝已見卷七十五兩夏侯傳，又見儒林傳。

京房有傳，見卷七十五，儒林傳又見。

呂后有紀，外戚傳又有傳。

按一人二見，本於史記。子貢已見仲尼弟子列傳，又見貨殖傳，是其例也。

九、闕文例

盧綰傳云：陳豨者，宛句人也，不知始所以得從（三十四卷二十二頁上）。

荊燕吳傳云：荊王劉賈，高帝從父兄也，不知其初起時（三十五卷一頁上）。

劉屈氂傳云：劉屈氂，武帝庶兄中山靖王子也。不知其始所以進（六十六卷二頁上）。

循吏傳云：王成，不知何郡人也（八十九卷三頁下）。

匈奴傳云：自淳維以至頭曼千有餘歲，時大時小，別散分離，尚矣。其世傳不可得而次（九十四卷上六頁下）。

按此古史闕文之遺法。

十、說明作意例

張良傳云：良從上擊代，出奇計下馬邑，及立蕭相國，所與上從容言天下事甚衆。非天下所以存亡，故不著（四十卷十一頁上）。

東方朔傳云：朔之詼諧逢占射覆，其事浮淺，行於衆庶。童兒牧豎莫不眩燿，而後世好事者因取奇言怪語附著之朔，故詳錄焉（六十五卷二十三頁上）。

酷吏傳云：湯周子孫貴盛，故別傳（九十卷二十一頁上）。

西域傳鄯善傳云：自且末以往，皆種五穀，土地草木畜產作兵略與漢同，有異乃記云（九十六卷上十四頁上）。